把孩子培养成
大人物

〔韩〕沈美惠 著　刘日波 译

黑龙江教育出版社

图书在版编目（CIP）数据

把孩子培养成大人物/（韩）沈美惠著；刘日波译
—哈尔滨：黑龙江教育出版社，2010.7
ISBN 978-7-5316-5580-0

Ⅰ．①把… Ⅱ．①沈… ②刘… Ⅲ．①家庭教育—方法
Ⅳ．①G78

中国版本图书馆CIP数据核字（2010）第144453号

把孩子培养成大人物

BA HAIZI PEIYANGCHENG DARENWU

作　　者　〔韩〕沈美惠
译　　者　刘日波
选题策划　宋舒白
责任编辑　宋舒白　宋怡霏
装帧设计　Metis 灵动视线 TEL.010-85983452
责任校对　石　英
出版发行　黑龙江教育出版社（哈尔滨市南岗区花园街158号）
印　　刷　北京燕泰美术制版印刷有限责任公司
开　　本　889×1194毫米　1/24
印　　张　9.5
字　　数　190千
版　　次　2010年10月第1版
印　　次　2010年10月第1次印刷
书　　号　ISBN 978-7-5316-5580-0
定　　价　28.00元
版权登记　08-2009-037

序　言

全球英才有其特有的标准

“我是真想好好培养自己的孩子，让他成为聪明的孩子，但是作为孩子的母亲，我究竟应该做些什么？如何去做呢？因为我的无知，还有些什么是没有做到的呢？”

“英语教育采用什么样的形式呢？其具体的方法是什么呢？美国和加拿大的教师采取什么样的行之有效的英语、语言教育方法呢？”

“我想把自己的孩子培养成具有国际视野和技能，能够在21世纪国际舞台充分展示自己才华的成功人士。如果我想达到这样的目标，作为母亲，怎样才能对孩子进行毫不逊色于国际水平的优秀教育呢？”

“先进国家的那些善于施教的教师，他们采用什么样的方式，使聪明的孩子变得更聪明呢？”

“如果说，有一种英才教育，妈妈在家也能轻而易举地实施，那么，有些什么样的具体例子呢？”

“如何才能让自己的孩子成为‘培养出来的英才’？”

“什么样的教育方法能够不采用早期留学的方式，让妈妈在韩国也能教育好孩子呢？”

以上是在养育孩子的过程中，很多母亲经常会有的疑问。我通过教育韩国、美国、加拿大的学生，而且通过培养教师，逐步找到了这些问题的一些答案，我现在就把这些答案具体地告诉给母亲们。

非凡的智能是否能让孩子成为“大人物”？

“英才教育”，在韩国的使用频率很高，用英语来说是“gifted and talented child”。这个词含有孩子拥有与生俱来的某些突出才能、潜能的意思，教育这样的孩子就是“英才教育”。

美国和加拿大等西方教育家却认为，只要孩子具有某种程度的潜能，通过教育，经过“普通（average）孩子”和“有能力的（able）孩子”阶段就能培养成“非常有能力的孩子（very able kid）”。

如果说“英才”一般强调了“出色的智力能力”，那么，“非常有能力的孩子（very able kid）”是进一步被升华了的形态。也就是说，very able kid接受了“出色的教育”，不仅具有非凡的智力能力，而且具有各种各样的技术（skills）、值得标榜的人性和道德、领导能力等，能够成为这个全球时代认可的领军人物。

很多父母没有看到孩子能够成为very able kid的无限可能性。教育好孩子和教育上的金钱投入并不是正比的关系，但是很多的父母由于惧怕昂贵的私人教育的费用，干脆就放弃挖掘孩子的潜能。对于父母来说，迫切需要的是那些投入少量的金钱，取得最大效果的方法！

举例来说：花费一大笔费用把孩子送到英语幼儿园，但是幼儿园的教师，虽然来自于讲英语的国家，但是如果水平不过关，对日新月异的、越来越复杂的最新教育毫不知晓的话，其结果，只能是浪费父母的金钱和孩子的宝贵时间。

事实上，在韩国的幼儿园和英语补习学校，从事英语教学的大部分外教，大都没有教师资格证书，甚至就拿他们的英语实力来说，承担孩子的英语教育也会成问题。我在美国和加拿大从事了长达9年的教师培训的工作，所以非常了解这一点，我是不太赞同把孩子送到那样的地方学习的。

只要知道方法，孩子的教育最好是由父母来承担

知子莫若父，所以美国和加拿大积极鼓励父母参与孩子的教育，这是因为教师们根据自己多年的经验总结出共识——孩子的父母要比他们更了解孩子的“特性”。但是，在韩国，孩子很小就开始辗转于各个学校之间，父母退到了教

育的第二线。各类学校的老师不可能像父母那样了解孩子，但是在韩国已经形成了一种奇怪的教育氛围，那就是几乎把孩子的教育全部寄望于学校的这些老师身上。

为了孩子，从现在开始，由父母来承担起孩子的教育吧。让我们利用好这本书里的方法、窍门，努力把孩子培养成very able kid。金钱的投入不是子女教育的关键，关键是父母要知道孩子教育的“方法、窍门”，进行“正确的努力”！

只要知晓教育的方法，由父母教育自己的孩子是最为直接，也是最好的方法。考虑到这一点，我希望韩国能够出现更多的非营利教育机构，让韩国的父母以低廉的价格，或者免费学到很多教育（包含英语教育）的方法和窍门。

美国和加拿大有很多这样的教育团体和机构，它们受到很多企业的财政援助，也有很多有良心的教育专家参与其中。因为昂贵的私人教育费用，韩国的国民怨声载道，政府是不是应该站出来创办这样的教育机构呢？如果出现了这样的教育机构，我期望这些教育机构里的教育专家，不要只教给父母那些虚无缥缈的空洞的理论，而应该筛选出那些父母教育孩子所必需的、行之有效的理论，并且也要着重于“实用性”。

另外，我还期望不要把孩子和父母所期待的一些教育放到放学后的时间来做，而应该包含到学校的常规日程当中去。有些教育内容，在美国和加拿大的学校已经成为了很自然的日常化的教育，但是在韩国，由于学校教育全然不涉及这些教育，所以要花费父母额外的金钱和时间，比如：为了提高孩子的论述能力，就送孩子到论述学校学习；为了提高孩子的英语会话水平，就送孩子去英语学校。如果政府和教育专家“确实”在工作，就能大大节省父母的教育费用，也能减轻父母的烦恼。

培养世界型人才的3个条件和方法

无论是对普通孩子还是对英才，韩国都只强调“智力能力”的重要性，教师们进行着这种有缺陷的教育，而且更大的问题是到目前为止，看不到这种情况得到改善的任何迹象。更令人焦急的是，连韩国的教育专家也认为培养孩子的人格和道德应该是与培养孩子的智力能力分开来进行的，也就是说，因为孩子的学习，人格教育就被抛置脑后了，真是大错特错！

培养孩子的智力能力、各种各样的技能、进行人格和道德教育，不仅能够同时进行，而且同时进行这三种教育，其效果也是最佳的。培养very able kid的教育尤其强调这一点，这也是21世纪的英才教育与旧时代的英才教育大不相同的地方。

如此说来，韩国一直没能真正进行培养孩子的各种技能和人格、道德的教育，那么，智力能力的教育情况如何呢？是否有很高的质量呢？非常不幸的是，答案也是No。韩国现行的教育并非是真正培养孩子智力能力的教育，而是采取提前学习→理解和背诵→考试的形式，并以此形式不断反复的旧式教育。

与此相反，美国和加拿大的教育方法是着重教给孩子“思考的方法”。如果孩子学到了思考的方法，要比那些依靠提前学习和背诵为主的孩子，更能取得优异的学业成绩，不仅如此，他们的创造力和解决问题的能力也会高出一大截。这是美国的教育家已经证实了的事实。

21世纪，我们孩子生活的这个世界，掌握知识并不是最重要的，这个时代要求的是，以知识为基础，对问题进行综合思考的能力，要求的是创新能力、与他人的合作能力、有效的沟通能力。

“适合时代的教育”就是着眼于未来的教育，也就是把自己的孩子培养成very able kid的教育。如果学校做不到，就让我们的父母对孩子进行这样的教育吧。

这本书详细介绍了美国和加拿大的那些“优秀教师”，通过各种手段和方式，把平凡的孩子教育成very able kid的教育方法，便于父母在家里也能对孩子进行这样的教育。

由父母亲力亲为的全球家庭教育就是答案

发达国家的教育专家认为，孩子满6个月就有可能分辨出是否为英才，孩子在3岁甚至2周岁的时候就会表现出一些具体而独特的英才的特征。他们教育这样的孩子，强调的绝不仅仅是知识，同时还强调人格和社会性。他们认为，这些是孩子将来能够成为领军人物所必不可少的品质。这也正是在韩国没能引起重视的，教育孩子的世界性标准。

父母思考孩子的教育问题，最主要的就是如何才能根据孩子表现出来的不同的“个体固有的特性”，进行“因材施教”。英才教育更加要求做到这一点，因为每个孩子喜欢的科目、关心的问题、感兴趣的对象、家庭文化、学习的风格等都有不同，只有把这些都考虑进去，进行个性化教育，才能得到一个好的教育结果。

如果想把孩子培养好，父母自己就应该不断提升自己，丰富自身的经验，做好为孩子的教育劳心劳力的各种准备，我自己就是以这样的姿态，在美国培训了美国的教师。环顾现在出版的教育丛书，大都是根据教育自己孩子的经验提出来的一些教育方法，或者，介绍了几个孩子的学习方法，介绍了考入名牌大学的方法。与此相反，这本书是根据我在过去的9年当中，教育1500名美国和加拿大教师的经验、观察几千名美国和加拿大学生的经验、观摩数百个美国和加拿大课堂，并对其进行分析的经验，再加以教育专家的知识和一些最新教育理论写出来的一本书。

本书共分4章，其中，1、2、3章是以丰富父母的基本教育知识为目的编写而成；第4章是具体的方法，介绍了33种教育方法。附录则编入了父母的自我测评方法，每当给孩子上课的时候、教育孩子的时候，父母可以根据这个测试，分析出“我的课是否包含了这些内容”。

我每当到美国和加拿大的教育现场，心里想的就是韩国，总会产生“危机意识”。看着这些国外的孩子，自然就会想到韩国的孩子，自然就会进行比较，而对比的结果，让我越加担心韩国的未来。我相信，如果读者读完这本书，就会理解我的感受。如果教育部门无法教育好我们的孩子，作为父母，我们就自己来教育自己的孩子吧！

我希望，这本书能够给予那些渴望把自己的孩子培养成一流人才的父母一些帮助。

沈美惠

目　录

PART 01

发达国家的妈妈准备孩子的未来

Global
Home-Schooling

美国和加拿大的“优秀教师”是如何教育孩子，
使他们成为了“very able kid”呢？
让我们看一看他们独特的秘诀。

01

我的平凡孩子，如何才能成为very able kid?

美国和加拿大优秀教师的教育方法和韩国的学校或各种补习班的教育方法真是存在“天壤之别”。美国和加拿大的很多普通学生正是凭借这些与众不同的教育方法，转变成了 very able kid。我在过去的 9 年时间里，观摩了很多美国和加拿大教师的授课，亲眼目睹了这些教育方法在孩子身上所产生的效果。正是这样的经历，给了我很多感受，也迫使我进行深刻的思考。

“他们的教育确实能让孩子打下坚实的基础啊！他们的孩子接受了十几年这样的教育，长大成人之后，难怪会成为具有出色竞争力、活跃在世界舞台的人才。韩国也应该采用这样的教育方式来教育孩子，只有这样才不会落后于这些发达国家呀……”

那么，美国和加拿大的优秀教师是如何把孩子教育成 very able kid 的呢？在这里，让我们先来感觉一下他们独特的秘诀吧！具体的细节，我会在后面一一向读者介绍。

例 1 这是小学 4 年级的一次教学，孩子们正在建设一个“星星博物馆”，教学的主题是有关天上的“星星”的，而他们正在建设一个博物馆。如果换做在韩国，孩子会依据课本，“理解”和“背诵”星星的形状和位置、名称等，但是加拿大的孩子却试图发挥自身的“创造能力”，“应用”学到的知识。他们首先自己探究和学习了很多星星的形状和颜色、位置、名称等，然后大家合力建设一个假想的“星星博物馆”。孩子们会根据各自的“特性和才能以及兴趣”决定各自的任务。

（1）“语言”能力突出的孩子，就安排他们编写介绍各种星星的博物馆卡片，或者说明书。他们精心选择有创意的词，让参观者只要阅读了这些卡片或说明书，就能够记住其内容。

（2）“数学”能力突出的孩子，就让他们先比较星星的实际大小、间隔、博物馆（教室）的大小，然后再计算出各种星星的实际大小，能够陈列在博物馆的缩略尺寸和间隔，最后根据星星的尺寸，决定摆放位置。

（3）“美术”和“设计”能力突出的孩子，就让他们根据上面的（1）和（2）的研究结果，设计和布置博物馆。

（4）给博物馆命名，解释如此命名的理由。

事实上，几乎不存在十项全能的孩子，很多时候，英才和普通孩子的区别只是某一特定的领域里的区别。这种教学需要发挥孩子“各自不同的才能”，相互合作才能完成，只要孩子以各自擅长的科目为中心，再结合其余科目的内容完成各自的任务，他们的“综合思考能力”就会得到培养。“very able kid”的特征之一就是，无论是面对什么样的问题，他们都能发挥其“综合思考的能力”，拥有出色的“解决问题的能力”。

让我们概括一下这位加拿大教师的“秘诀”。这位教师做到了，在上课的同时，教给了孩子如下的东西。

知识（K）：科学、数学知识。

技术（S）：综合思考能力、写好文章的技能、设计的技能、朋友之间相互沟通交流的技能、创新能力、合作的技能、应用知识的能力、解决问题的能力。

道德（V）：合作学习的过程中，为理解朋友，所做出的努力和正确的心态。

也就是说，“秘诀”的核心就在于，即使在一堂课很短的时间里，教师也会把各种知识（Knowledge）、技术（Skill）、道德、价值观（Values/Attitude）融合在一起，还要把这些内容按照一定的体系，清晰地传授给学生。

我们能够在很短的时间内背诵教科书里的“知识”，但是这种“技能”和“道德”可不是一朝一夕就能习得的，所以我们应该对孩子从小坚持不懈地进行这方面的教育。（这种教育是需要方法的。有关具体的方法，我会在第四章里给大家详细介绍。）

那么，如何能在一堂课的时间里做到这些呢？美国和加拿大的小学不同于韩国的小学，他们允许教师连着几堂都上相同的课目，因为学校充分相信教师的能力。为了教育好孩子，韩国也应该摆脱存在太多束缚的教育方式，整齐划一的教育方式也会严重伤害孩子的创新能力！

◎ 韩国的父母怎样才能对孩子进行这样的教育呢？

我们可以利用孩子的房间或客厅来做星星博物馆。按照上面的顺序，也就是，按照（1）到（4）的阶段建设就可以了。父母通过这种授课方式，也可以观察出孩子的“天资”，看一看孩子究竟在语言、数学，还是在美术等哪些方面具有天分，然后有针对性地重点培养，不足的领域，可以使用前面课堂里所采取的方法，采用“统合的方式”来教育孩子。我们这样做，可以同时培养孩子的“综合思考能力”和创新能力。

这种教学的要领就是，不能把所有的事情都压在孩子的肩上，父母应该成为孩子的“助手（helper）”，当孩子需要帮助的时候，父母应该及时给予必要的帮助。孩子很容易产生厌倦感，这是儿童普遍的心理特征，如果父母经常对孩子进行鼓励和表扬，提出一些建设性的意见，就可以延长孩子的学习兴趣。

虽然这个例子是加拿大 4 年级的教学，但是我们也可以根据自己孩子的特点，在年龄上前后做出适当的调整。

例 2　这个例子是美国 5 年级有关地理方面的教学。美国的优秀教师究竟采用什么样的方式把美国的江河、山脉、各地域的代表产业、地理特征等知识传授给孩子呢？韩国的地理教学，如今仍然在使用看着地图，背诵主要区域，让孩子理解各种相关概念，再让他们背诵的方法。那么，美国的地理教学与韩国有什么样的区别呢？

（1）首先，因为美国是一个地域广阔的国家，所以教师先从 50 个州中选出一个州，给孩子做出示范，教给他们学习的方法。

以纽约州作为范例，教师首先了解孩子对纽约州知道些什么。为了提高孩子的思考能力，提问必须选择一些“好的问题”，那么，我们能向孩子提出一些什么样的问题呢？

提问要领 1 • 无论教给孩子什么样的知识，孩子现有的知识应该成为教学的起点。教师或父母，开始授课的时候，必须首先了解他们“已经掌握的知识”。教师提出的问题，不能太简单，必须是经过思考才能回答出来的问题，比如说：“纽约州有个伊利运河，你们知道为什么建设了这个运河吗？”“你们对纽约州知道些什么呢？”因为这样的提问能够诱发孩子对学习内容的好奇心，而且有益于培养思考能力和探索能力。

提问要领 2 • 一般来说，以“为什么……”、“如何……”开头的提问，要比以“什么……”、“谁……”开头的提问更能诱发孩子的好奇心，更能帮助孩子提高思考能力。

提问要领 3 • 提问要简单明了，就是说，不能让孩子对提出的问题感到迷惑。很多韩国的教师错误地认为，越是绕弯子的问题越好，但是美国和加拿大的教师却认为“绝对不能向孩子提出这样的问题”。他们认为不应该让孩子过多地思考问题本身，而应该让他们多多思考问题的答案。

（2）下一个阶段，教师和父母应该引导孩子，在已知知识的基础上，自主地“探索学习”。孩子可以利用网络资源、百科全书和与主题有关的书籍，寻找出纽约州的地理资料，然后进行“自主学习”。孩子通过这个阶段的“自主学习”，就可以了解到纽约州的代表山脉是阿第伦达克山脉（Adirondack Mountains），代表河流是哈德逊河（Hudson River），代表城市是纽约州的首府奥尔巴尼（Albany），主要城市有布法罗（Buffalo）、罗彻斯特（Rochester）、锡拉丘兹（Syracuse）、纽约市（New York City）等；伊利运河（Erie Canal）作为纽约州的运输通道，非常重要；纽约州的代表产业是农业等等，并且看着美国地图，向教师和父母进行讲解。我们视这个阶段为“习得”新知识，并“理解”新知识的阶段。

（3）然后，让孩子亲自“应用”刚刚学到的知识来解决问题，或者处理某种情况。如果孩子为了解决某问题，能够多角度地“应用”刚刚学到的知识，孩子的“记忆力”和“学习的效果”就能得到明显的提高。这是美国很多教育专家都已验证过的事实。也就是说，学习不要止于记忆（韩国的情况，学习就是为了记忆，为了考试），应该从“理解”和“背诵”，延伸到“应用”。

为了孩子能够“应用”所学到的知识，可以给他们布置如下的学习课题。

课题 1 • 制作介绍纽约州的小册子。

要求孩子以前面（2）阶段习得并理解了的知识作为基础，制作介绍纽约州的旅行小册子。首先应该明确小册子的内容以及制作的步骤，告诉孩子，每完成一个步骤，就在每个步骤前面的（□）中标上（√），逐步完成课题。

□ 封面：要求孩子给小册子命名，以及创造出代表纽约州的简单象征性图形。我们应该要求孩子使用 3—5 个能够代表纽约州的单词来命名这本小册子；要求使用纽约州的代表颜色进行封面绘画创作，作品要力求简洁。

□ 序：列出这本小册子的内容顺序。

□ 地理信息：介绍主要城市和观光地点，采用地图的形式，把方法（交通手段、距离、所需时间等）、人口、人口的构成、气候、大的河流和山脉、运河等基本的地理信息表示出来。

□ 历史信息：要求孩子从纽约州历史中挑选出 5 个最重要的历史事件来进行介绍，并且说明这些历史事件对现在的影响。（韩国的历史教育，局限于某个历史事件本身，没有与现在的联系，这一点也是韩国教育和美国、加拿大教育的诸多不同点之一。联系现在的学习方法，不仅能让孩子更加牢固地记住历史事件，而且能够增加学习的趣味性。）

□ 经济以及其他信息：简单说明纽约州的主要产业，以及州政府的结构。

□ 后记：完成小册子之后，要求写一篇简单的后记或者感想文。要求孩子，想出两三个纽约州现在没有，但是将来如果有的话，会对纽约州有利的项目，并且要求说明理由。（这是美国的教师为了让孩子把学习和实际生活联系起来而做出的努力，他们会经常给孩子们布置这样的课题。如果想做好这种课题，孩子们就需要发挥他们的创新能力。）最后，完成课题之后，要求孩子们简单记录通过这个课题学到的知识和完成这一课题的感想。

课题 2 • 制作宣传纽约州的旅游海报

以孩子在制作小册子中整理出的有关纽约州的综合知识作为基础，进一步布置新的学习课题。首先，假设孩子是纽约州土生土长的居民，然后要求他们运用所学到的知识，面向其他地方或者国家，制作能够吸引游客的“旅游观光宣传海报”。

这个海报，首先要包含有关纽约州的基本信息，而更重要的是，这个海报能够突出纽约州独有的特点，招揽游客。如果孩子们想把这些内容通过一张小小的海报“简洁地”表现出来，毋容置疑，就需要发挥他们的综合思考能力和创新能力。

孩子把自己的想法转化成图片或文字，就会学到“沟通交流的方法”。（这种教育不仅是在美国，而且在加拿大的教育中也是一种“必需”的教育内容。他们从孩子很小的时候就开始教育孩子，让他们熟悉沟通交流的方法，训练他们能够有效地把自己的想法和感觉传达给对方。这种教育的具体形式和方法，我会在以后的章节中进一步陈述。）

（4）下一个阶段，给孩子 10 分钟的时间，要求他们使用“具有说服力的语言”，针对自己制作的小册子和海报进行说明。对于大人来说，有效的沟通交流能力也是获得社会生活成功所必需的能力。美国和加拿大的学校从小就注重锻炼孩子的这种“说服能力”。至于具体的教育方法，我会在 Part04 进行详细的说明。

（5）最后一个阶段，让孩子回顾一下整个学习过程。和以前相比，学到了有关纽约州的什么新知识？对于纽约州哪些方面，你是持有积极肯定的态度，哪些方面态度是否定的？这个学习阶段的目的在于培养孩子的“批判型思考能力”，增进与异地居民之间的“相互理解”。

（6）其他州或者国家的地理学习，可以采用同样的学习模式。如果感觉时间不够用，也可以先把学生分成几个学习小组，以作业的形式，采用相同的学习模式来进行。

（7）教师和父母需要关注孩子的整个学习过程，授课的同时，也要进行评价（即“授课”和“评价”同时进行。这一点也和韩国有很大的差别，韩国是授课完了之后，再进行评价）。

无论是教给孩子什么样的知识，大多数的父母只是注重注入，而忽视“评价”。从今天开始，让我们留意制作注释和说明，做到教和评价并行吧，这样做也会大幅度提高孩子的学业成绩。我会在 Part04 详细说明制作和使用注释的方法。

简单概括以上的内容，这种学习经过了如下的阶段。

◆ 孩子自己搜集知识，学习和理解知识。

◆ 学到的知识 + 创新能力 + 综合思考能力 + 解决问题的能力 = 解决实际生活中有可能发生的问题。

◆ 让孩子习得并增进沟通交流能力。

◆ “比较”课堂中学到的知识和以前的知识。印证一下，自己是否对异地居民持有错误的认识，也就是说，同时进行培养批判型思考能力和价值观的教育。

这一位美国教师使用了相同的“秘诀”，那就是在有限的时间内，单一课题的教学中“融合进了很多方面的知识”。他的教学具有一定的“系统性”和“逻辑清晰”的特点。他让孩子发挥自身的创新能力和综合思考能力，把学到的知识应用于实践中，这一点和韩国有着很大的区别。（事实上，韩国的教师只是让孩子们“理解”授课内容，为了考试，让他们“背诵”所学内容，缺少实际生活中应用的过程。根据美国教育学家的研究，让孩子亲身应用所学到的知识，会大幅提高孩子的学习成绩！）

◎ 如果父母想与孩子一起进行这样的学习？

学习韩国地理和世界地理的时候，可以直接使用这样的学习方法。

这种学习地理知识的方法，同样也能应用于历史的教学。比如说，让孩子制作简单的介绍朝鲜前期或后期历史的小册子；让孩子制作体现这一历史时期特征的海报。

需要注意的是，无论孩子制作出了什么样的小册子或海报，不要忘记进行赞赏和鼓励，同时也不要忘记提出“建设性建议”。比如对孩子说：“做得真好看，真好！但是妈妈觉得如果加上这样那样的几点会更好，你觉得呢？”父母应该采用这样的方式，引导孩子以妈妈的建议为基础，进一步思考问题。“好的提问”可以提高孩子的思考能力。（韩国的提问主要侧重于了解知识的掌握程度，但是美国和加拿大的教师则经常提问一些能够培养孩子“思考能力”的问题，不单是在测试孩子的“记忆能力·背诵能力”。)

这种学习方式不仅仅局限于5年级的学生，有些美国教师给3年级的孩子授课时也使用这样的方法。重要的是孩子的准备情况，妈妈可以根据自己孩子的情况，判断出恰当的时机来使用这种学习方式。

针对年龄更小的孩子，我们可以把地域或国家换做孩子能够切身感受得到的“我的家”或者“我们的村庄”，同样也可以采用这种学习方式。比如说，让孩子制作介绍自己家庭的小册子和海报。

◎ 美国和加拿大的孩子在哪些方面已经走在了前面？

美国和加拿大强调知识的实用性，他们教给孩子是能够在实际生活中使用的知识和技术，所以他们的孩子更能适应将来现实世界的生活。美国和加拿大人从小到大系统地接受了这方面的教育，所以他们的协商能力和辩论能力当然要比韩国人高出很多。就是说，在企业间的纷争中、外交谈判桌上，韩国人很难抵挡美国人。(最近，我们在新闻中经常看到这样的范例。)

他们教给学生的不是考完试就会忘记的知识片段。他们具体和系统地教给孩子“思考的方法”和“解决问题的技能”，让他们受益终生，所以孩子将来面对瞬息万变的21世纪的生活，无论碰到什么样的艰难险阻都能“正确思考和判断，做出正确的选择”。这样的教育贯穿着十多年的学校生涯。

美国和加拿大的教育，无论是教给孩子什么样的知识，都会融知识、技能，道德为一体来教育学生。纵观美国和加拿大的英语教育，关键词是

“know,do,understand/appreciate”，也就是说，多掌握知识（know），能够在实际生活中应用各种思考的方法和技能（do），能够理解和关怀自己和他人（understand）．孩子其实在接受的同时也进行头脑（knowledge）、身体（skills）和心智（value）的训练，这也是能够把孩子培养成“very able kid”的核心秘诀。

再举一个例子，他们甚至在数学教育中也强调沟通交流的技能。如果以韩国人的思考方式，他们就会认为“数学嘛，只要解题能力强就可以了，还有必要教什么交流沟通的技能吗”？简单来说，美国和加拿大的教育与韩国的教育存在着很大的区别，韩国孩子只是使用头脑来学习知识，背诵知识，但是仅仅依靠背诵取得的知识是绝对不能在这个世界上生存的。美国和加拿大的孩子则为了成为一个拥有知识和技能、可标榜的人格和道德的成功社会人士，一步步做着准备。因为这种区别会直接影响到“国家的竞争力”，所以更应该引起我们的关心。

与美国和加拿大的孩子相比，无论是出于自愿还是被迫，韩国的孩子学习很是刻苦，父母的教育热情也很是高涨，但是韩国的教育让我感到郁闷和惋惜，这是因为下面的两个原因：

第一，因为韩国在“没有多大必要的东西”上浪费过多的时间、金钱和精力，却不教给孩子未来所“必需的东西”。

第二，美国和加拿大的孩子在学校的日常学习中就能够学到的知识，由于韩国的学校教育不涉及这些，韩国的父母需要花费大量额外的金钱和时间。比如，韩国的很多父母为了培养孩子的论述能力和交际能力，花费大量的时间和金钱送孩子到各种学校学习。

公费教育的正常化，就可以以这样的方式来开始，即，学校教给孩子现在和将来所必需的知识。韩国的教育，无论是从其内容还是教育方法上来看，与数十年之前相比较，教育的“实体”没有什么太大的变化。教育的“实体”随着时代的变迁，它的教育内容（孩子学习的科目和内容）和教育方法（课堂中学习教科书内容的方法）也应该有相应的变化和改进，但是韩国的教育中很难发现这样的变化。

“顺应时代的教育”才是为孩子们的未来着想的教育，同时也是把孩子培养成成功人士的方法！

PART
02

韩国的妈妈们必须要了解的误会和事实

Global
Home-Schooling

在这里，
首先让我们了解，
成年人对“英才”和“英才教育”的偏见和误解，
然后再说明，
什么样的孩子才是“very able kid”，如何才能培养这样的孩子。

01

不要断言孩子是平凡的

英才的英文是“gifted and talented child”。虽然这句话指的是拥有与生俱来的某种特殊才能的孩子，但是如今人们认为，普通的孩子只要具备一定的潜力，依据适当的教育方法，就可以把孩子从普通（average），经过有能力的（able）阶段，培养成“very able kid”。“very able kid 的教育”强调“教育”的重要性，也就是说，只要父母或教师教得好，就能把普通的孩子变成“very able kid”。

如果说“与生俱来的英才”强调的是“大脑的能力”，那么“very able kid”不仅强调大脑的能力，而且指的是同时要拥有“know，do，understand/appreciate”能力的孩子。这样的孩子不仅要拥有大量的知识（know），而且也要拥有能够在现实世界和生活中充分运用（do）这些知识的技能（skills），还要拥有一颗关怀他人之心，拥有出色的协同能力。因为 21 世纪需要的人才就是“very able kid”，与过去的“英才”相比，对“very able kid”有着更多更高的要求，所以指的是能力更高，能够引领世界的人才。这本书就是介绍培养“very able kid”的窍门和方法。

如今的英才教育就是指培养“very able kid”的教育，但是韩国至今还是停留在旧式的“英才教育”模式中，这才是一个天大的问题！

为了便于展开此书的内容，首先让我们了解韩国人对“英才”和“英才教育”的一些误解。只要正确理解了这些定义，理解培养“very able kid”方法就容易得多了。

<误解 1> 辨别英才只能依靠测试?

事实 a 英国的弗朗西斯·高尔顿（Francis Galton）在 1869 年第一次使用了“英才（gifted children）”这一词汇，指的是具有特殊才能的物理学家、化学家等，接下来又指智商高的人（IQ 在 140 以上），到后来又得出了智商不是全部的结论。各种各样的测试被开发出来，用于辨别英才，但是直到现在世界上还没有一个“明确而概括”的对英才的定义。

事实 b 美国英才教育专家的最新研究结果表明，辨别英才要比过去传统的认识更难更复杂。美国的学校常使用的智商、学校成绩、各种测试等传统的辨别英才的方法，主要是评价孩子的语言能力和数学逻辑能力，很难辨别出在“其他方面”表现出英才特征的英才或者“综合性”的英才，所以错失了很多挖掘英才的机会，而且据报道，美国中途退学的孩子中，有 10%～20% 的孩子就是英才。

事实 c 因为不是通过纸面上的测试，而是在“日常生活”中，由父母发现英才的情况也很多，所以美国英才教育专家主张，父母仔细观察自己的孩子是非常必要的。下面列举的一些英才的特征，父母都可以拿来参考，在日常生活中观察自己的孩子。十多年前，美国的教育家对英才和普通孩子的父母进行了一次广范围的问卷调查，结果表明英才一般在很小（满 6 个月～满 3 岁）的时候，就已经开始表现出如下的一些英才特征。虽然本书只列举了其中的一些部分，但是读者也可以用来观察自己的孩子。

◎ 在日常生活中表现出来的英才特征

集中能力：

- □ 比如，7 个月大的孩子非常认真地，全神贯注地盯着卡通片看一段时间（从很小的时候开始，英才就能表现出很高的集中能力）。
- □ 能够在自己喜欢的事情上，全神贯注 30 分钟以上，具有非常强的集中能力。

分析能力：

- □ 玩玩具的时候，喜欢把类似的玩具集中到一起（也就是说，善于把握事物之间的相互关系，并以此为基础找出事物的“一般性”）。比如说，按照孩子的高度，在冰箱门上无规则地贴上几个不同“颜色”的数字或字母，或者贴上不同“形状”的纸张，孩子就试图按照颜色和形状或者按照类似的特征把这些纸张集中起来。

思考能力：

- □ 表现出思考的柔韧性。
- □ 解决某种问题的时候，表现出多角度思考和解决问题的态度。比如，孩子一次移动很多玩具时，如果其中的一两个玩具掉了下来，他就会把所有的玩具都放下来，试图找到一种完美的移动手段。

□ 认识了某种新东西（知识）之后，就会表现出“学习”所带来的快乐，而且会表现出进一步的“学习”的热情。

想象力和创新能力：

□ 拥有丰富的想象力和创新能力。

□ 画画的时候，喜欢表现出自己的想象，喜欢向别人解释自己的画。

□ 观看电影或电视剧的时候，善于运用自己的想象力，喜欢向别人解说故事的梗概。

好奇心→提问和观察能力→记忆能力

□ 拥有出色的观察能力，对各种各样的领域表现出强烈的好奇心。与此同时，对某个事物或领域表现出持久的好奇心。

□ 不喜欢简单、浅显的提问，而喜欢有利于解决问题的探究性的提问。

□ 学什么都比同龄的孩子快。

□ 记忆力非常好。

词汇能力和表达与沟通技能：

□ 词汇量超出同龄孩子很多，而且轻而易举地就能掌握一些非常难的单词，并且能够在日常生活中使用这些词汇。

□ 关心单词之间的微妙差异，表现出试图在日常生活中恰当地使用这些词汇的意愿。

□ 喜欢书籍。读书的速度也比同龄的孩子快，而且理解得也快。

对数字的关心：

- ☐ 与同龄孩子相比，能够更快更早地理解时间概念。
- ☐ 对数字游戏和数学，表现出很大的关心。
- ☐ 能够快速找出数字之间的某种模式或联系。
- ☐ 喜欢玩拼图游戏。拼图的时候，善于利用数字记忆不同的图案。

对自身的想法：

- ☐ 对自己很严格，尽可能为自己确立能够在现实中实现的最高标准。
- ☐ 能够用批判的思维审视自己所做的事情，表现出努力改正错误的态度。

社会性和道德性：

- ☐ 具有幽默感，能够常常逗得大人发笑。
- ☐ 喜欢帮助别人。
- ☐ 在朋友及其他人的关系上，努力编织一种和谐的相互关系，同时也表现出成为中心人物的愿望。
- ☐ 无论做什么样的事情，都会表现出责任感和独立处事的能力。
- ☐ 喜欢做出正确而正义的选择，非常关心道德性。
- ☐ 父母或兄弟姐妹指出错误时，立刻就会表现出失望，甚至发脾气，这是因为孩子很小就拥有追求完美的性格。
- ☐ 喜欢选择比自己大的孩子做自己的玩伴。

如果孩子表现出上面列举的一些英才特征，就应该注意鼓励和启发孩子，使孩子的这些才能得到稳固而持续的发展。如果没有这些特征，也没有必要伤心失望，因为父母的努力可以改变孩子的习惯！

< 误解 2> 英才是先天的?

事实 1 过去的教育学者认为英才是与生俱来的，但是如今却认为，不仅有先天的英才，而且还有很多后天的英才。教育学家认为，即使是普通的孩子，只要具备一定的潜能，也可以通过教育变成不亚于先天英才的孩子，同时也认为，前面列举的天才特征也有可能会随着年龄的增长逐步展现出来。所以说，父母的无知会掩埋掉一个潜在的英才，会把孩子教育成连中流都挤不进去的庸才。也就是说，父母“如何”教育孩子，教给孩子“什么”才是最重要的。

< 误解 3> 英才的学习成绩肯定优秀?

事实 不能说凡是英才学习就好，尤其是由韩国“死板的教育制度”培养出来的人才是“克隆人才”，他们都像用一个模具印出来似的。“先天的英才”也很有可能会在适应这种教育制度的过程中失去原来的英才潜能。只要孩子从小磨练并学会“思考的方法”，学会运用这些方法，即使现在的学习成绩差一些，将来的学习肯定会更好。

< 误解 4> 孩子在数学和科学方面表现出与众不同的才能，而且成绩优秀，就是英才吗?

事实 a 英才不是仅仅存在于数学和科学，或艺能领域，同样也存在于语言、社会科学等各种领域。父母需要知道的是，如果孩子在数学方面表现出其英才的才能，就应该留意让孩子把数学的学习和其他科目的学习连接起来，进行统合性

的学习来培养孩子的“综合思考能力”。

如果孩子只能在某一个领域发挥其能力，就不能成为真正的21世纪的“领军人物”，这一点也与过去的英才不同，这也是时代的要求。简单地说，21世纪的人才应该跨越科目和科目之间的界限，拥有一个开阔的“视野”。

事实b（这个例子指出了韩国教育专家的一个盲区）：西方的教育发达国家认为，辨别英才和进行英才教育的时候，除了要考虑孩子的“能力”和“表现出能力的方面”之外，还需要综合考虑“其他几个重要的方面”，那就是孩子的“才能和感兴趣的领域”、“学习方式的差异”、“孩子固有的文化，也就是家庭的背景或文化”，所以辨别英才和教育英才变得更加困难重重。

“知子莫如父”，美国的英才教育专家也是出于这样的原因，要求由父母来仔细观察孩子，承担一部分符合孩子的“能力”、“才能和兴趣”、“学习的方式”、“文化特点”的教育任务。

<误解5>2年级的孩子能够解出6年级的数学题，这种“超前式”的孩子是英才吗？

事实 英才与“超前式”的学习毫无关系，英才指的是熟知“思考的方法”，拥有创造能力的孩子。强制性的超前学习，不但抹杀了孩子无限的想象力和创造能力，而且削弱了探索学习思考方法的力量。韩国注入式的超前学习更是如此，因为这种教育会把孩子们“赶进”一种“固定的教育模式”中，所以被“赶进”来的孩子永远也学不到“思考的方法”！

◎ 父母需要了解的事实

事实上，即使是先天的英才，如果没有大人的启迪和开发，孩子头顶上英才的光环也不能发出耀眼的光芒。与此相反，如果平凡的孩子接受了很好的教育，其才能和潜能得到了充分的发挥，将来就能成为一个活跃在国际舞台上的人才，过上成功人士的生活。正因为如此，美国和加拿大的优秀教育进行的是一种“量身教育”，注重启发每个孩子的“潜能”或者“特殊的能力”。我写这本书的目的，就是为了向广大的韩国父母介绍这样的教育方法。

韩国如今也有很多英才教育机构，这样的教育机构大都使用西方开发出来的辨别英才的测试。我首先想向韩国的父母说，即使你的孩子没有通过这一类的测试，也完全没有必要失望，因为更多的英才是由父母在现实生活中挖掘出来的，这是美国英才教育专家的共同认识。韩国人历来的缺点之一，就是过于相信和重视这类考试或测试的结果。

让我们假设一下，如果我的孩子确实是一个英才，但是得到了一个否定的测试结果，那么，这样的测试结果会产生一种抹之不去的影响。所以，不要过于相信辨别英才的测试和英才教育机构，而应该进行一种适合自己孩子的量身教育。

美国和加拿大的教师经常说，孩子就像一块“海绵”。孩子拥有像海绵一样的吸收能力，所以父母和教师的教育是至关重要的，教育不仅能改变孩子的现在，也能改变孩子的将来。在此，我希望读者们也能找到为自己的孩子“量身定制的教育方法”。

02

如何才能培养出“very able kid”？

首先，让我们确信“very able kid”是能够培养出来的，然后再让我们了解一下，有关培养方法的一些误解和事实。

<误解>教育发达国家大都拥有培养英才的“标准化英才教育资料”。韩国也可以参考这样的资料，制作出自己的“标准化资料”来培养英才？

事实 a 很多韩国教育专家如今还认为，教育发达国家有某种“标准化的英才教育资料”，这是因为他们是以孩子的“能力”为中心来思考问题，是因为忽略了英才定义中的其他三个方面所产生的误解。也就是说，他们认为英才教育是指教育那些拥有某种智力能力的孩子，所以他们期待有一种标准化的教育资料。

韩国在“英才”和“英才教育”的领域，从现在开始也应该进行一种综合考虑每个孩子的能力、才能、学习的方式、文化等方面的“量身教育”。每个孩子在这些方面的表现各不相同，所以不会存在所谓的“标准化”教育资料，希望韩国的教育专家也能早一点认识到这一点。

事实b 教育发达国家，虽然没有标准化的资料，但是却熟知一些培养英才的“好的教育方法”，而且大体制定出了作为一个英才或者“very able kid”需要达到的“目标 performance expectations”（比如说，“very able kid”应该拥有“综合思考的能力”等，这本书就是从这样的教育目标出发，为父母提供各种教育孩子的方法）。美国和加拿大的教师为了达到这样的教育目标，综合考虑了每个孩子的能力、才能，根据孩子所关心的领域、学习的方式、固有的文化等因素，努力打造一种量身定做的教育模式。

事实上，韩国也很难进行这种“量身教育”，因为一个班里有 30 ～ 40 个学生，教师很难做到“因材施教”。为了挖掘和开发自己孩子的潜能，为了把自己的孩子培养成不落后于时代的人才，孩子的教育不能仅仅依靠学校，或者各种补习学校，我们不能忘记，我们正处于一个需要全球家庭教育的时代。

“我的孩子是一个平凡的孩子，他勉强能完成学校的作业……”父母的这种消极的态度真是令人惋惜。虽然期待值过高是不好的，但是作为父母一定要记住，“信念”是必需的，应该“确信”自己的孩子能够成为一个领军人物，这种信念会成为唤醒孩子自信心和创造性的动力。

03

21世纪对父母的要求

培养超越英才的“very able kid”的过程中，父母的作用是举足轻重的。现在让我们了解一下，为了启发孩子的潜能，父母应该扮演什么样的角色。

< 误解 1> 我的孩子极其平凡，谈不上什么英才教育?

事实 a 我们可以说，父母如何教育和培养孩子、启发和开发孩子的潜能决定了孩子的将来。无论是什么样的孩子，都会拥有一定的潜能。

事实 b 但是，如果想“充分启迪和开发孩子的潜能”，把孩子培养成“very able kid”，很多韩国的父母首先就需要改变一下思想，有必要对如下的各项进行深刻的思考。

1. 需要正确认识父母的角色

早期留学、跟着外教学习英语、到收费昂贵的幼儿园或学校上课，这些教育方式虽然好，但也不是绝对和唯一的选择。如果父母熟知教育孩子的方法和窍门，孩子就可以从父母那里学到所需要的所有的东西。孩子的教育中，金钱的因素决不是绝对的。

举一个例子，与其每月花费一百万韩币，把孩子送到英语幼儿园，把孩子的教育托付给不如自己了解孩子的幼儿园老师，只要懂得教育方法，还不如自己亲自在家教育孩子，这样会得到更好的教育效果，所以关键在于“父母”要熟知教育孩子的方法和窍门。

“方法和窍门”不会自己从天上掉下来，需要学习和努力，也需要积累大量的经验。我在没有成为教授之前，在没有观摩很多课堂之前，也是不太熟悉教育孩子的方法和窍门的。虽然我取得了教育学博士的学位，但是知道的只是理论知识，甚至可以说，在没有得到丰富的经验之前，我对如何把自己的理论知识转化为能够实际运用的知识是一窍不通的。

在过去的 9 年时间里，我和美国、加拿大的教师共事的经验，长时间观察并总结他们的课堂教学的经验，指导这些教师的经验，注意观察很多孩子的经验等，所有的这些经验，帮助我学到了教育孩子的方法和窍门，也让我写出了这本书。

2. 需要正确了解 21 世纪的时代要求

21 世纪不同于过去的时代，所以决定孩子的教育问题和进行教育的时候，父母的思考就应该“符合 21 世纪时代要求”。换句话说，父母应该更加“长远地”，更加“开阔地”思考孩子的教育问题和孩子的未来，不要热衷于即时效果和眼前的结果。父母应该进行全局性的思考，思考孩子应该需要知道些什么，应该会做些什么，然后努力把这些知识（K）、技术（S）、道德（V）注入到孩子的身体里。

创造21世纪优质的生活，仅仅凭借丰富的知识，毕业于名牌大学是绝对不够的。如果没有知识、技术、道德的协调组合，是不可能创造出高质量的生活的。美国和加拿大已经很好地把握了这种21世纪的时代特征，所以孩子的教育也聚焦在这些方面，努力为孩子们打造一个“坚实的根基”。

3. 培养具有国际竞争力的人才

相比之下，韩国的孩子是聪明的，所以只要好好培养，就能培养出很多拥有国际竞争力的优秀人才。从现在开始，我们眼光再也不能局限于韩国，而应该放眼世界来培养人才，面对这个瞬息万变的世界，更是需要做到这一点！即使父母的经济能力差，只要熟知教育方法和窍门，拥有信息，也完全有可能培养出一流的符合“国际标准”的“very able kid”。

<误解2> 英才教育或孩子的教育应该是由专家或教师来完成，不是父母能做得到的？

事实 只要懂得方法和窍门，父母也完全有可能做得很好，而且做到这些其实并不太难。很多所谓的专家，知道的也只是理论，实际运用的方法和窍门也是很薄弱的。父母可以按照这本书里介绍的方法和窍门，从今天开始教育自己的孩子。

PART
03

懂得方法的妈妈就能培养出有实力的孩子

Global Home-Schooling

为了培养好孩子，父母要熟知教育方法和窍门，而且主观性要强。

认真思考孩子的终极教育目标，如果找到了这样的目标，就应该制定出符合教育目标的相应计划，并逐步实践这个计划。

所谓的终极教育目标，就是让父母好好想一想，自己到底希望自己的孩子在20～30年后，成为什么样的人，过什么样的生活。

01

父母培养出“very able kid”的成功方法

美国的教育学者对“very able kid”的父母进行了调查，结果发现，这些父母拥有一些与众不同的思想和行为模式，其特征如下：

下面列举的各项，都是教育学家极力推荐的教育方法，他们认为只要按照这样的方式培养孩子，父母就能把普通的孩子培养成一个“able kid”或者“very able kid”。让我们根据自己的情况，按照下面的各项内容，审视一下自己，看一看自己究竟是什么样的父母。

□ 他们认为，不存在什么万能的教育方式。他们选择进行一种符合自己孩子的强项和特性的量身教育。他们相信，如果父母了解了孩子的特性，找到一种合适的教育方法，进行量身教育，那么，这就是世界上最好的教育方法。

□ 他们和孩子一起学习，并且向孩子提出很多能够培养孩子思考能力的问题。学习和实践的过程中，能够给孩子提出一些建设性的建议，并能做出适当的评价。

□ 他们非常重视培养孩子的创造力、想象力、高度的思考能力，非常关注与此相关的信息。

□ 他们在日常生活中，总是刺激孩子的好奇心。他们认为提问是一种能够刺激孩子的好奇心，让他们思考的好方法。

□ 他们努力为孩子创造积累各种经验的机会。比如，美术欣赏、音乐欣赏、参观博物馆、感受自然等，重视孩子的智力和感性的协调发展。

□ 一方面，他们为孩子提供强有力的支持，并经常表扬自己的孩子；另一方面，针对孩子的想法和意见进行批判，不断给予刺激和挑战。这是因为，他们相信一味的表扬和无条件的接受，会阻碍孩子的批判型思考能力和创新能力、正确认识世界等能力的发展。

□ 他们尊重孩子。他们认识到了孩子的自信心和学业成就之间的正比关系，尽量避免拿孩子的朋友和兄弟做比较。他们认为“比较”是抹杀孩子创新能力的杀手。

□ 他们让孩子多读、多写、多说。他们努力让孩子读到各种各样的不同领域里的书籍。针对说和写，他们尤其重视培养孩子的正确的自我表达能力，从小就训练他们向父母陈述自己的想法和经验，并且引导和帮助孩子使用“正确的语言”进行构思。与此同时，他们也会让孩子学会聆听别人的意见和观点。

□ 他们为了孩子的智力成长，就是选择一本童话书，也会选择那些能够帮助培养思考能力的书籍。比如说，选择一些既复杂，故事的逻辑性又强的书籍，能让孩子们探索学习的书籍，能够深入学习某种主题的书籍，能够尽情发挥想象力的书籍等〔我在第四章介绍了美国国语（也就是我们的英语）权威机构选定的童话书目录〕。

□ 他们进行符合孩子智力发展水平和能力的教育，不会提出一些过分的要求。

□ 强调失误的正常性。大多数的“very able kid”过分追求完美，所以他们的内心惧怕做错事或者失败（但是，他们不会把这种内心的惧怕表现出来）。为了妥善迎合孩子这样的特点，父母可以选择一些一问多答的问题进行提问，或者让他们从不同的观点进行同一主题的写作。也就是说，通过这样的方法，让孩子熟悉修改和改正，努力帮助孩子改掉这种完美主义者的缺点，这也是为了培养出孩子看待这个世界的“多角度的视觉”。

□ 他们把孩子当做一个独立的人格个体来尊重。出现问题的时候，以对话的方式解决问题。

□ 他们在孩子解决某种问题，或者完成某种课题的时候，即使存在很多的不足，也会耐心地等待孩子自己解决问题，扮演一个在旁协助的角色。他们认为让孩子自己领悟，自己解决问题是非常重要的，所以他们宁愿选择耐心等待。（虽然这是我个人的看法，但是我认为很多韩国的父母喜欢即时的成果，无法忍耐长期的等待。虽然让孩子自己领悟，会花费更长一点的时间，但是应该认识到，这样的等待，不是在浪费时间。从长远来看，孩子自己的领悟所带来的益处更多，因为这就等于孩子是在磨练另一种"生活的技能 life skills"。希望父母能够认识到，焦急情绪绝对不利于孩子的教育。）

□ 他们非常关心孩子的友情，注重培养他们的团队精神。也就是说，他们非常重视社会能力和人格方面的教育。

02

教师的秘诀——能够把平凡的孩子转变成有能力的孩子

在过去的 9 年时间里，我接触到了很多美国和加拿大的优秀教师，于是有机会了解到了一些充满智慧的教育方法。我现在就和读者分享这些优秀的教育方法。如果教师教得好，孩子就能学到“思考的方法”。我曾经多次亲眼目睹了在这类老师的指导下，一个普普通通的孩子身上发生很大的变化，开始逐渐进入到了“very able kid”的发展轨道。父母也可以使用这类教师的教育方法和窍门，引导和教育自己的孩子，使他们也发生这样的变化。这类教师的特点如下：

□ 他们引导孩子，即使是碰到了难题，也绝不轻言放弃，付出耐心和持之以恒的努力，直到独立解决这个难题。也就是说，教师只是起到了辅助的作用，他们让孩子自己实践，依靠自己的力量来解决问题。教师通过这样的过程，让孩子认识到，在什么时候、如何使用自身的能量。

□ 针对孩子喜欢的领域，他们会引导孩子把自己的热情和喜爱表现出来，刺激和指导孩子进行刻苦的、持之以恒的努力。

□ 在孩子完成课题的过程中，他们指导孩子使用“多种多样的方法”，应用已经掌握的信息和知识，让孩子进行综合应用和综合思考。

□ 他们让孩子阅读大量的书籍。努力培养和保持阅读的兴趣，让孩子把书籍当做一种能够帮助他们解决问题的工具。

□ 他们总是鼓励孩子，给予不遗余力的支援。鼓励孩子的同时，他们也对孩子进行建设性的批判，提出相反的意见来刺激孩子的大脑。因为他们相信一味的和蔼和表扬会抹杀孩子的潜能。

03

父母要率先同时看到树木和森林

21 世纪，这个孩子将要生活的时代，不仅要求孩子掌握大量的知识，而且更重要的是，要求孩子能够运用这些知识进行综合性思考，要求具备创新意识，要求能够很好地与他人协同工作，要求具备有效的沟通和交流的能力。

美国的名牌大学培养出了许许多多的一流人才。这些大学的入学条件中所强调的东西，就很能说明问题。他们不仅要看考生的 SAT 成绩和内考成绩（即观察孩子掌握的知识量），而且还要把考生的义务奉献活动、艺能活动、论文、受奖情况、看待世界的视角等因素考虑进去，就是说，他们同时考虑考生的“K，S，V”三方面的因素。这同时也是培养符合 21 世纪要求的人才之关键因素，这些关键因素适用于任何国家的孩子，不同的只不过是适用时机的早晚而已。为了把我们的孩子培养成一流的人才，应该让他们积累什么样的“真正实力”呢？只要让孩子从三个方面努力，不断磨练自己就可以了，简单概括这三个方面如下：

◆ K（Knowledge）：知识（指的并不是现在韩国的孩子在学校和补习学校学到的知识，指的是跨越科目界限的知识）。

◆ S(Skills)：训练有素的高度的思考能力，创新能力，解决问题的能力，做出决定的能力，沟通和交流的技能，合作的技能，领导的技能等。

◆ V(Values/attitudes)：值得称道的人格和道德心。

如果想在所有这些方面，教育好孩子，父母首先应该熟知上面列举的有关定义和教育方法，能够在日常生活中起到以身示范的作用。有关具体的操作方法，我会在第四章详细地介绍，在这里，为了帮助读者的理解，举一个例子。

如果一个孩子每个科目都学得很好，有些人就说这个孩子拥有“综合思考能力”(甚至韩国的一些教育专家也持有相同的观点)。这是一种误解，拥有“综合思考能力”的人在思考某一个问题，或者考虑解决问题的方案时，能够跨越科目之间的界限，能够综合地、复合地思考问题，并能依据理论来解决问题。通过这个例子，我们可以看出，如果想教育好孩子，父母首先要熟知这些最基本的知识。

有些读者或许觉得把K,S,V结合在一起教给孩子有些难度，并认为这些对孩子明天就要举行的学校考试没有多大的帮助，但是从小学到“思考的方法”，接受了这方面训练的孩子，无论是做什么，学什么都会同时考虑“树木（部分)”和“森林（整体)”，所以学校的科目一定会学好。我还想说，父母也应该努力做到这一点，要同时看到“森林”和“树木”。

04

确立终极目标

为了培养好孩子，父母要熟知教育方法和窍门，并且主观性要强。比如，不要看到邻居家的孩子上英语幼儿园，就不顾自己家孩子的实际情况，也把孩子送到英语幼儿园，我们不能盲从。作为父母，应该深入思考孩子的终极教育目标，如果看到了这样的目标，就应该制定出符合教育目标的相应计划，并逐步实践这个计划。

所谓的终极教育目标，就是让父母好好想一想，自己到底希望自己的孩子在 20 ～ 30 年后，成为什么样的人，过什么样的生活。

1．是否应该把所有的孩子都培养成未来的数学家和科学家？

不久之前，我在报纸上读到了这样的一则报道，有些父母为了让孩子考入科学英才学校或者科学高中，他们从幼儿园开始，就让孩子进行超前学习和准备。韩国这样的教育现实真是让我哭笑不得，这些父母千方百计想把孩子送进这类高中，其目的无非是想让孩子考入名牌大学，毕业之后找到一份医生、法官、教授等所谓的有前途的工作。问题是，为什么那么多的父母都拥有相同的目标呢？

除了拥有这些职业之外，还有很多其他的职业，同样也能让孩子过上多彩而富足的生活，比如说，具有出色创新能力的设计师、充满金点子的企业家、以特殊项目经营得很好的餐馆主人等……放眼未来世界，各个领域中，具有出色的创新能力和思考能力的人，成功的概率要比那些出身名牌大学的人高得多，因为这个世界正在朝着这样的方向发展。

21 世纪，一个人的成功取决于对职业的关心和喜爱，投入和努力奋斗的程度，并不是从事某些特定的职业就能取得成功。

我们一定要明确孩子的教育目标，教育的终极目标，应该是把孩子培养成具有出色的创新能力和思考能力的人，而不是想尽方法把孩子送进什么科学英才学校。只要我们从小训练孩子的创新能力和思考能力，他们的学业成绩自然就会好。

我看到韩国的以数学和科学为中心的英才教育，心情变得异常沉重。“科学的发展”和“社会的发展”有着密切的联系，即使是只在实验室里进行研究的科学家，也只有懂得如何把自己的研究和社会与人类连接起来，才能在 21 世纪里，在自己的领域里取得成功，享受成功的人生。

韩国时常会发生这种令人惋惜的情况，一个人千辛万苦考上名牌大学，取得了博士学位，成为了科学家。他在工作中开发出了一个非常好的项目，但是没能把项目和“人们的需求”、“时代的需求”连接起来，只是做到了科学和技术上的更新，没能做到进一步利用和发展这个项目。

父母千辛万苦才使得孩子毕业于科学英才学校或名牌大学，决计不想把自己的孩子变成这样的失败者。我们有必要向先进国家学习，训练孩子能够把“科学”和“社会”结合在一起，进行综合性、全局性的思考。这本书里介绍的很多教育方法也需要这种综合思考能力。

韩国的以科学为教育中心的英才教育，不是真正的英才教育，而且在很多方面，都具有单纯的超前学习的情况。英才教育绝不是“超前学习”，而是教育和训练孩子学会各种“思考的方法”，希望韩国的英才教育能够尽早认识到这一点。

韩国的英才教育，以及普通的学校教育，大都倾向于使用老式的、陈旧的方式和方法来传授“知识”。这些教育中还看不到研究和学习有关知识的“本质”，“生产知识的过程”等有深度的学习，他们只是让孩子把教科书上的知识当做真理来理解和背诵。

与此相反，美国和加拿大的教育，即使是普通的孩子，也让他们认识到世界上绝对没有一成不变的真理式的知识，鼓励孩子对知识本身提出异议，进行探究型的学习。

凭借韩国的这种旧式的教育，孩子的智力将来不可能赶上那些先进国家的孩子，也赶不上知识日新月异的发展。

2. 考试是目标？（经过科学验证的考试方法）

我再怎么强调创新能力和思考能力的重要性，有些父母还是认为孩子的考试成绩最重要。我给这样的父母提供下面的资料。

韩国的学校考试大都是在考察孩子的背诵能力和记忆能力，就是说，这些考试的目的在于考查孩子掌握并记住了多少教科书上的内容，所以只要知道“记忆的方法”，就能取得优异的成绩。让我们看一看下面的“学习金字塔（Learning Pyramid）”。

图 1 学习金字塔（Learning Pyramid）

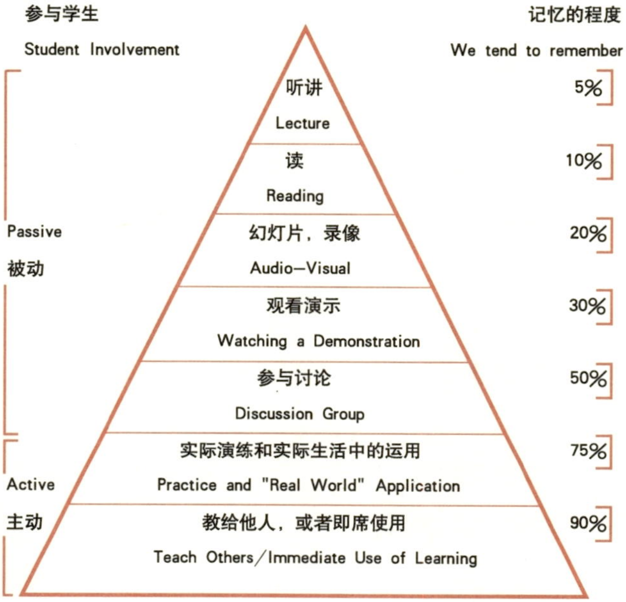

美国的教育专家持续 11 年之久的研究得到了这个金字塔学习方法，它是依靠经验和科学的方法得到的结果。

提问 如何学习才能“记忆”好教科书的内容？

答案 使用位于金字塔下方的学习方法。

读到这里，读者的脸上可能会浮现出无可奈何的笑容，是对韩国教育现状的无可奈何，是对那些可怜孩子的无可奈何。如上图所示，韩国的孩子，如今在学校接受的教育方式和学习的方式，还是位于金字塔的上端，所以他们不可能记好课堂的内容！正因为如此，如今的孩子甚至不得不冥思苦想“记忆的妙招”，不得不进行一种奇异的、畸形的学习!

韩国孩子的学习几乎100%依赖记忆和背诵，难怪他们把一些科目叫做“背诵的科目”!依我看来，韩国所有的科目都是“背诵的科目”，数学是培养逻辑思维能力的科目，但是连这样的科目竟然都变成了“背诵的科目”，背诵公式，再套用公式解题，都把孩子培养成了解题的技能工。

所以，在韩国，那些讨厌背诵的孩子，就是想学好都没有这个机会。如今韩国孩子所采用的学习方法和方式，和祖先们采用的方法没有什么本质上的区别，我们的祖先为了榜上提名，就是采用了“背书”的方法。

<误解>美国和加拿大的孩子接受了如此先进的教育,为什么在国际数学、科学竞赛中就不如韩国的孩子呢?

事实 a 如果比较韩国和OECD（Organization for Economic Cooperation and Development 经济合作与发展组织）国家的孩子的数学、科学成绩，有人或许就会认为韩国的初级和中级教育拥有国际竞争力，但是了解实情的其他国家的教育家指出，这种成绩的比较缺少可靠性。美国统计测试结果的时候，会把智力低下，有智力障碍孩子也计算在内。(这是因为美国的法律明确规定，存在智力障碍的孩子应该和正常的孩子一起接受教育。)

还有，美国的中学、高中学生下午2点就放学。大部分孩子从那个时候开始，打工的打工，运动的运动，或者从事自己喜欢的趣味活动，而韩国的孩子却只知道学习，辗转各种学校之间，学习到很晚。如果包括学校的上课时间，韩国的孩子一天就要学习12个小时，而美国的孩子一天学习6个小时，所以说，这种成绩的比较缺乏可靠性，是一种没有意义的比较。再说，这种比较结果也不会成为比较教育效率和国家未来竞争力的因素。

事实b 如果说，这种国际测试结果是可信的，为什么孩子在高中以后的创新能力和综合思考能力会落后于这些先进国家的孩子呢？

答案非常简单，因为韩国的大学教育也同样不擅长培养具有出色的创新能力和高端思考能力的人才。因为小学、中学、高中的教育，让孩子变得过分依赖和重视超前学习、反复学习、背诵、掌握考试窍门的学习方式！韩国的学校和各种补习学校，为了提高考试成绩，大都采取以掌握学习窍门为中心的学习方式，这种学习方式会严重阻碍孩子的智力成长。美国的英才教育中，这种学习方式是被“禁用的学习方式”之一。

而且，更令人意想不到的是，即使是美国和加拿大的优秀教师使用这种韩国式的学习方式，他们为了培养孩子的创新能力和思考能力所采用的教育方法（能够取得90%记忆效果的方法），也比韩国的老师所采用的教育方法（能够取得5%～10%记忆效果的方法）有效得多。

也就是说，提高记忆效率的最佳方法，就是让孩子自己找出问题，探究问题的答案，再让孩子马上运用找到的答案或者知识。美国和加拿大的教师经常说这样的一句话，那就是“只要懂得了思考的方法，学业成绩就能日新月异！”

所以，我真切地希望韩国能够早一点认识到：“记忆的窍门”和“背诵”对孩子的“思考能力”没有什么好处。在这里，我也向读者介绍美国英才教育里被认为不能采用的一些教育方法。

◎ 不应该使用的教育方法

- 应该避免盲目的背诵，因为盲目的背诵是阻碍孩子思考能力发展的“元凶”。
- 避免反复学习，避免反复教给孩子相同的内容。
- 避免教师满堂灌、学生被动接受的上课方式。

美国的英才教育中，被列为“不应采用的教育方式”，恰恰是韩国的学校和补习学校的主要教育方式。到底是为了什么要背诵那么多的教科书的内容，那么多没有什么实际用处的知识呢？我希望我们能够认真深刻地反思这个问题，就是为了国家的竞争力也应该这么做。

韩国某名牌大学的一位教授，大学入学面试之后，说了这样的一句话：

“在面试中，如果提出一个需要创新能力的一问多答的问题，许多考生回答的都是学校或者学校告诉他们的标准答案。”

韩国的那些学习好的孩子也不熟悉思考的方法！其原因就是，就像上面所说的那样，韩国的教育过程、授课方式、教育制度、考试等等都在沿用旧时的方法和思路。

韩国的孩子是如此聪明而有灵性，而且又牺牲那么多的睡眠时间来刻苦学习，但是我觉得，与孩子付出的努力相比，他们得到的结果却太微不足道了，这是浪费孩子的宝贵时间。我每天看着那些先进国家的孩子，看着他们的学习，看着他们为将来做准备，心情真是沉重无比，真想高声呐喊，“换掉，换掉，全部换掉！”

如果改变不了国家的教育制度，那么遗憾归遗憾，我们的父母也应该站出来，从现在开始就使用前面“学习金字塔”里的方法，有效地指导孩子的学习吧！不仅能让孩子对学习感兴趣，而且学业成绩也会出现日新月异的变化！

3. 如果终极目标是把自己的孩子培养成“very able kid”？

◎ 培养出懂得“关怀”的人

世界上所有的父母都希望自己的孩子将来能成为一流人才，幸福地生活。就算孩子将来成为一个医生，也希望是一个一流的医生，而不是一个平凡的医生。

有一次，美国的约翰斯·霍普金斯大学医院（Johns Hopkins Hospital）要招聘两名医生，这家医院以拥有很多世界知名医生而闻名于世，报名人数达到了300多，最后一位黑人医生被录取了。这位医生后来开玩笑说，我的医术在那些报名者中肯定不是数一数二的，我之所以被录取是得益于自己的趣味生活。

原来，这位医生在古典音乐上有很深的造诣，面试中偶然谈到了古典音乐。后来据这家医院的高层传出话说，这家医院认为，医生是与人打交道的职业，作为医生，除了医学上的知识和技术之外，同时还要具备“优秀的品质”，这位黑人医生恰巧具备了这些品质。

虽然不能说懂得古典音乐，就具备了“优秀品质”，但是医生在忙碌的生活之余，能够做到通过音乐反思自己，从音乐中获得灵感，这种生活的姿态为他博得了面试的高分。据说，现在这位医生已经50多岁了，拥有丰富的手术经验，但是每一次手术之前，他肯定会为患者和患者家属祈祷。当时面试的考官肯定也是发现了他的这种“优秀的品质”，所以给了他高分。

懂得关怀他人的人，他们的生活肯定会比其他人容易得多，因为不仅周围的人会喜欢他们，而且这个世界需要的也正是这样的人。孩子成长的时候，如果父母只是强调孩子的学习和成绩，这个孩子将来就很难成为活跃于世界舞台上的

“领军人物”，因为这样成长起来的孩子，十有八九会是一个不懂得“关怀”的人。无论是在什么样的领域，如果想成为“领军人物”，懂得“关怀”是首要的品质之一。美国和加拿大的学校教育，把“关怀”作为“领军人物”所必备的品质，非常重视从小就对孩子进行这方面的教育。

◎ 培养具备“基本知识”的人

我在美国接受的大学教育，以及后来工作过的那些大学的教育，和在韩国接受的 16 年的教育相比，其教育内容的质量，学习的广度和深度，学习的方式等所有的方面都存在很大的不同。我在韩国的 16 年的教育中，真是走马观花似的学到了很多没有什么实际用处的知识，有关“思考的方法”，我连想都没想到，就已经大学毕业了。

与此相反，美国和加拿大的教育方式，是引导孩子自己寻找到“知识与知识的连结点”，教给他们“思考的方法”，所以只要好好学习，学过的知识不容易忘记，而且这些知识真正起到了帮助学习和理解下一个阶段知识的作用。他们就是采取这样的方式，把知识和知识“连结”起来，再以这种“连结”作为基础，“发展”新的知识。

知识的量并不重要，借助美国和加拿大人的话来说，“为了能够在实际生活中使用所学到的知识”，应该懂得“运用的方法”，所以他们从小教育并训练孩子如何运用学到的知识，教给他们运用的方法，而且孩子通过这样的过程，也能逐渐学到“思考的方法”。这就是美国和加拿大人所说的“基本知识”。

◎ 培养拥有出色的创新能力、思考能力、沟通和交流技能的人

对于即将生活在21世纪的我们的孩子来说，这些技能是至关重要的，我相信没有人会对这一点提出异议。我们的教育目标应该包括这些，我们的言语中应该包括这些，但更重要的是，无论是教给孩子什么样的知识，孩子的创新能力、思考能力、沟通和交流能力一定要得到确确实实的发展。换句话来说，无论教给孩子什么样的知识，我们一定要把这些技能“同时、一起”教给孩子。我会在第四章详细介绍具体的方法。

◎ 培养具备团队精神的领军人物

成功的社会生活，协同合作能力是孩子必须要具备的技能之一。美国和加拿大人认为，协同合作也需要技术，所以他们从小就教育孩子熟悉这些技术。比如，他们让孩子多进行一些合作学习，引导孩子自己学到“协同合作的方法和窍门”，与此同时，也培养他们的“领导能力”。我会在第四章详细介绍具体的方法。

◎ 培养懂得国际道德准则和礼节的人

不久之前，我去了一趟英国，我在一家宾馆的前面偶然碰到了从韩国来旅行的小学四五年级的女孩和她的妈妈。出租车司机帮助他们把行李都拿了下来，但是这位女孩连句“谢谢（thank you）”都不说，拿起自己的东西转身就走了。我估计这个女孩儿在韩国肯定是学英语的，或许在英语补习学校补习英语也说不定。当时我就觉得：“学英语有什么用啊？连这点礼貌都不懂……”如果换做是西方的孩子，肯定会说一声“谢谢（thank you）”。

美国和加拿大的教师经常说，礼貌教育和道德教育不可能一日而就，他们相信，只有父母和老师从孩子很小的时候起，对他们进行这方面的持续的教育，孩子长大成人之后，才能很好地融进这个民主社会，成为合格的民主社会的一员。美国和加拿大的孩子，每天在家和学校不知要说上多少遍“谢谢(thank you)”和“对不起（I am sorry)”，他们的学校和家庭，注重从小培养孩子感谢他人和关怀他人之心。韩国的父母也应该重视这方面的教育，使孩子具备基本的礼节和道德。

美国和加拿大不像韩国那样，专门开设“道德”课程，但是他们每天都进行道德教育，让孩子亲身体验，用心去体会。他们的这种教育既不是文字（教科书）教育，也不是口头教育。我会在第四章详细介绍这种教育的具体方法。

PART
04

能够200%提升孩子才能的33种家庭教育

Global

Home-Schooling

在这里，向读者介绍能够200%提升孩子才能的

33种家庭教育的方法。

33种方法中，除了第1、2、33个方法，

其余的30种方法，每天用一种方法，进行一个月的教育。

然后，再换一个内容或者主题，用同样的“教育方法”，再进行一个月的教育，

如此循环，甚至可以进行几年的教育。

1、2、33的内容是每天都要进行的教育内容。

01

知识、技能、价值观的教育要同时进行！

如今，美国和加拿大的教育非常重视把“K,S,V”同时教给孩子，其理由我已在前面详细叙述过，所以我在这里只给读者举一个例子。这个例子详细说明了先进国家的优秀教师经常使用的一种教育方法，这个方法利用了“学习中心（learning station）”，能够把K,S,V同时教给孩子。

“学习中心”就是指在一个空间或教室里设置的3～5个学习的站点，让孩子依次通过每一个站点，完成每个站点设置的学习任务。我们把教室里的几张桌子并在一起就是一个“学习的中心”。

例 父母计划要教给孩子有关“视觉”方面的知识（美国和加拿大一般在小学一年级，进行有关五官的教育）。孩子经过如下几个学习站点来完成有关“视觉”的学习，这也是在英才教育中经常使用的教育方法。

□ 科学中心：这个中心摆放着几种不同的树叶。孩子不能用手触摸，只能用眼睛来观察这些树叶，然后要求孩子描述树叶的颜色、模样、树叶之间的区别等，或者让他们写一篇简单的文章。孩子接下来使用放大镜再一次观察这些树叶，再一次进行描述。英才的教育中，可以根据孩子的智力情况适当增加一些学习内容，比如，可以要求他们调查阔叶树和针叶树的区别，以及生长环境的差异等。

□ 数学中心：这个中心摆放着各种小石子。首先，要求孩子用眼睛观察，并描述出每个小石子的特征。然后，再让孩子按照颜色进行分类，看一看哪一种颜色的小石子最多，哪一种最少。英才教育中，可以让他们调查一下有关小石子的来源地等基础知识。

□ 英语·国语中心：要求孩子发挥想象力，写一篇简单的论文。主题是如果让他们变成树叶或者小石子，他们想成为什么颜色的小石子，想居住在什么地方。孩子需要写出为什么选择了这种颜色的小石子，为什么想生活在那个地方。

□ 科学中心：教师和孩子一起使用图片（或者网络资源）了解眼睛的构造。因为孩子还太小，所以没有必要进行复杂的说明，只要挑选出眼睛的 3 ～ 5 个最重要的部分，说明这些部分的功能就可以了。

□ 最后，和孩子一起了解，如何才能管理和保护好我们的眼睛。

如果孩子过于沉迷于电脑游戏和 TV，大多数韩国的妈妈就会下达“禁令”，没有任何的解释，但是美国的优秀教师会让孩子自己领悟到眼睛的重要性。这种教育方式可以使孩子产生很大的变化，这也是我亲眼目睹过的事实。我希望，韩国不要只是进行“口头”和“文字上的教育”，也应该多采用这种能够让孩子亲身体验的体验型学习方式。

让我们整理一下这种教学中的 K，S，V。

K：有关眼睛的科学知识，有关树木和石头的基础科学知识。

S：简单明了地表达自身想法的技能、创新能力、综合思考能力。

V：了解眼睛的宝贵，理解和关怀视力障碍人士。

这种“学习中心”式的教学方式常用于传授“综合型知识”。我们可以先制定出一个学习主题，然后在孩子的房间或起居室设置几个这样的“学习中心”，并仔细说明每一个中心需要完成的任务。这种教学方式会让孩子忘却时间的流逝，会给他们带来“自主学习”的快乐，也能培养孩子的集中能力。

我在美国和加拿大经常看到，很多不愿意学习的孩子也向老师抱怨“时间太短了！”强烈要求加时间。在这个世界上，没有比“快乐学习”更有效的学习方法了。

02

明确父母的期待值的方法

标题（rubric），即是完成课题的详细说明，也是父母和教师进行评价的“评价标准”。也就是说，标题同时具有两种功能，教师和父母只要把对孩子的期待值写出来，就是一个标题说明。“孩子只要按照标题（说明）中提出来的要求完成课题”就可以了。让我们举一个例子，

如果孩子想看某一部电影或电视剧，我们就可以使用这种教育方式。美国和加拿大的优秀教师，即使是给孩子观看一部教育电影，也会引导孩子进行思考，努力培养他们的创新能力、解决问题的能力、决策能力，而韩国的教育几乎还涉及不到这些内容。

在韩国，孩子观看电影和读书的时候，没有人告诉他们应该特别关注那些方面；孩子写观后感，或者读后感的时候，也没有人告诉他们应该采用什么样的形式，选择什么样的内容才能写出一篇好文章。

在这种学习方式中，父母有必要提出能够“培养思考能力的问题”，这些提问就会成为布置给孩子的课题。提问的要领如下：

(1)如果孩子记住了电影和电视剧的内容,就应该从"简单"的提问开始。比如:

□"有意思吗?让你觉得有意思的是什么?让你觉得讨厌或无聊的是什么?(孩子体验新东西的时候,应该让孩子使用正确而恰当的语言把自己的感情和感觉有条理地叙述出来,这是从小就应该开始进行的基本的语言教育。)

□"能给妈妈讲一讲故事的内容吗?"(在这里,父母有必要记住英才拥有出色的记忆能力。孩子的叙述过程中,为了能够让孩子叙述好一个故事的基本要素,也就是人物、何时、何地,发生了什么事情、为什么等基本要素,妈妈有必要提出一些适当的引导性的问题。语法和用词方面,也有必要进行坚持不懈的指导和训练。)

(2)下一个阶段是培养分析能力、想象能力、批判能力、综合思考能力的阶段。比如,可以提出这样的问题。

□"这部电影,为什么起了这样的名字呢?""如果换一个名字,你会给他起一个什么样的名字呢?"(首先,让孩子说明电影名字和故事之间的相关性,或者同一性,然后再让他表达出自己的想法。)

□"(稍微改动一下故事的内容)如果主人公去了别的地方,会发生什么事情呢?"(稍微改动一下电影里的主人公、时间,或者场所等。首先让孩子想象一下,改动之后可能会发生的故事,然后给妈妈讲一讲自己改编的故事,最后,再让孩子说明一下如此想象的根据。)

□"电影里,有没有你想删除的部分?如果有的话,是哪个部分,为什么?"(聆听孩子的想法之后,让孩子重新编排一下删除之后的故事。)

(3)"思考能力的训练阶段"初期,可以采用妈妈和孩子进行对话的一种方式,但是随着经验的积累,应该要求孩子使用文字表达出自己的想法。这个时候,应该制定妈妈和孩子能够一起使用的“标准（rubric）”，必须把知识（K：knowledge）、技术（S：skills）、理解、态度、道德、价值观（V：attitude/values）同时包括进去，这也是制定“rubric”的窍门。这就是美国和加拿大的教育，尤其是他们的英才教育中经常被强调的课堂之根本。

题目：为了写电影观后感而制定的标准 Rubric（例）

	3points	2points	1point	分数
电影的理解（K）	理解了人物、时间、发生了什么事情、为什么、结果等故事的基本要素	故事理解得不够完整	记不全故事的内容	
语言的正确性（S）	语法、用词正确	参考上面的内容制定出2points和1point的标准，下面也同样		
分析能力（S）	文章的结构符合逻辑性			
综合思考能力（K）	题目和内容的关系理解得很好			
创新能力和想象力（S）	故事的改编富有想象力，并符合逻辑			
逻辑思考能力（S）	能够很好地说明删除的理由			
对人物的理解能力（V）	理解主人公和其他人物的立场，是否表现出想要树立正确价值观的态度			

最后成绩：／ 21points（3points × 7 个领域）

他们不仅在英才教育中经常使用这种教学方法，而且美国和加拿大的普通优秀教师也经常采用这样的教学方式。

哪怕是观看一部电影，父母也应该认真思考，怎样才能把这部电影改变成孩子的学习工具。还有就是，观看之前，有必要给孩子提供详细而严谨的标准（rubric）。

教师和父母也要依据这种标准来评价孩子的文章，给出相应的分数，其目的在于让孩子重视这种贯穿课题始末的标准。孩子应该依照“标准”写文章，教师和父母也应该依照“标准”来评价。

这样的“标准”也是现在韩国的教育中经常被强调的“执行评价（performance assessment）的根本基础。我在韩国看到了很多令人哭笑不得的情况，他们认识不到这种“标准”的重要性，在没有认真讨论“标准”的情况下，只是忙于进行评价。这不是韩国教师的责任，应该是制定这种“标准”的教育部和大学内部教师管理层的责任。

如今，韩国的入学考试，非常重视论述方面的考试，如果我们采用这样的教育方式，从小在日常生活中致力于培养孩子的逻辑思维和综合思考的习惯，那么孩子无论处于什么样的情况之下，都能进行符合逻辑的综合性思考，也就没有必要为了这样的考试，花费大量的金钱和时间，做额外的准备。

03

立即停止灌输型教育

美国的一位同事曾经给我讲述了他在中国讲课时发生的一个有趣的故事。有一次，这所大学的校长和教师要求观摩他的课堂，上课途中，这位校长突然走到他的跟前，在他的耳边说了这样的一句话。

"我想看一看你讲的课，这些孩子在干什么呢？"他当时在教室里来回走动，一边检查课题的完成程度，一边提出一些能够培养思考能力的问题，把握着课堂的整体流动。这种课堂可能让这位校长觉得这位美国教授不是在上课。

这位美国教授回答校长说，"我是在上课呀"，这位校长说，"上课应该是老师站在讲台上传授知识"。这位美国同事对我说，他在中国一学期的讲课经历，确实让他体验到了很多异国的文化。

如果我们换一个角度，这个小故事告诉我们，为了培养孩子的思考能力和创新能力，韩国也应该改变原来的思维模式，重新对"教学"或"学习"进行思考。我们对"教学"的传统认识是教师或父母事先准备好100%的教学内容，再传授给学生，学生处于被动的立场，只要接收老师和父母给他们带来的知识就可以了。教师或父母的这种单方向的"灌输型教育"，不可能培养出孩子的思考能力和创新能力。韩国传统的教学方式和这位中国校长所想的教育方式是相同的。

美国和加拿大的优秀教师，虽然也是知识的传授者，但是他们很少使用这种单方向、“灌输型”的教育方式。他们努力刺激孩子的好奇心，让孩子自己提出问题，再让他自己解决这个问题。教学的整个过程中，孩子一直位于“主角”的地位，就是说，教师或父母只是起到一个引导者的作用。他们只是关注孩子解决问题的过程，把握整个教学的进程，让孩子自己寻求问题的答案。他们也会在整个的教学过程中，留心观察每个孩子的特点，力求进行一种符合每个孩子的特性和学习方式的“量身教育”。他们会鼓励孩子的长处，指导孩子克服自身的缺点。

◆ 使用先进国家的教育方式：教育和评价并行

很多父母非常善于传授知识，但是往往会忽略评价的重要性。从今天开始，让我们在传授知识的同时也不要忘记对孩子进行评价。

我们所熟悉的课堂教育中，教师“传授知识的过程”和使用“考试”的形式来了解知识的掌握情况是分开的。韩国的教学和考试的方式就是这样，但是美国和加拿大的优秀教师，一般在上课的同时也进行测试和评价。他们认为，这样的方式有助于培养孩子的思考能力和创新能力。让我举几个例子。

例 1 即使是多项选择的评价方法，他们也会采用稍微不同的使用方法。比如：

下列各项中，哪一项可以作为“文化”这一概念的例子？

a. 生活在纳瓦霍印地安人的生活

b. 我们学年的规则——协同和相互尊重

c. 母狗喂养小狗的方式

d. 森林动物的生活方式

选择正确的答案，并解释其理由。

这种方法并不是我们所熟悉的多项选择的评价方式。它的形态是多项选择，但是从 a 到 d 的选项都可以是正确答案。如果你认为 a 是正确答案，就要说明其理由。这种评价方法就叫“需要陈述理由的多项选择（Multiple-choice with justification）”。

这是一种培养孩子的思考能力和分析能力、表达能力的教学方式，同时也是一种出色的评价方式。孩子为了选择出自己的答案，为了陈述选择的理由，为了把自己的答案变成正确答案，需要寻找有关资料，再以这些资料为基础，整理自己的想法并表达出来。这个过程中，教师可以同时评价孩子的探索能力、思考能力、表达能力等。教师需要制定出能够评价孩子这些方面的 rubric，再执行这个标题说明。

例 2 这是为了那些智力更加发达的孩子而准备的教学。氯（Chlorine）在我们的生活中被广泛地利用，比如，我们用氯消毒我们的饮用水。但是，氯的使用也像其他的科学技术一样，在对人们的生活产生积极影响的同时，也会产生负面影响，就像 DDT 这样的有机氯杀虫剂，能杀死蚊子和引起流行性疟疾的细菌，同时也会对自然生态产生负面影响。

①调查氯对人类和自然生态产生什么样的积极影响和负面影响。

②充分考虑氯的积极影响和负面影响。为了在生活中有节制地使用好氯，了解一下我们应该做些什么。

③举出各种使用氯的例子。先分别按照例子，分析物理和化学成分，然后再

调查我们从中能获得的益处和存在的危险性。

④通过对这些例子的分析，决定自己所应该持有的态度。

教师在这种教学中，需要从始至终关注孩子完成课题的情况，还要检查如下几点：

- □ 是否举了正确的例子？
- □ 是否理解好了各个例子的物理和化学作用？
- □ 是否按照给出的“标题说明”寻找并分析了资料？
- □ 引出最终课题结论的时候，是否综合运用了资料的分析结果？
- □ 对每个例子做出了什么样的决策，决策是否符合逻辑？

如果再增加一个学习阶段，那就是“辩论”的阶段了。我们可以把具体的例子作为辩论的主题，比如，对于非洲横行疟疾，一种观点是应该使用DDT，另一种观点是，考虑到DDT对自然生态的破坏，应该禁用。辩论的时候，如果同时使用下面的“评价标准（scoringrubric）”，会取得更好的效果。

题目：评价辩论的说明／标准 Rubric

<table>
<tr><th></th><th>3points</th><th>2points</th><th>1point</th><th>分数</th></tr>
<tr><td>陈述方式</td><td>清晰、自然地陈述出了自己的主张。</td><td>总体上还可以，但是需要更多的训练。</td><td>有很多需要改善的地方。</td><td></td></tr>
<tr><td rowspan="2">组织论点的逻辑性</td><td>论点组织得具有很强的逻辑性，拥有系统性。</td><td colspan="2">参考上面的内容制定出2points和1point的标准，下面也同样。</td><td></td></tr>
<tr><td>论点明确清晰，易于对方的理解。</td><td></td><td></td><td></td></tr>
</table>

（接上表）

	3points	2points	1point	分数
信息的利用	准确而明确地理解了辩论主题。			
	充分利用了有关信息作为论据。			
说服力	论点具有说服力，能够说服对方。			
	辩论中不存在与主题无关的，没有必要的陈述。			

最后成绩：/21points（3points × 7 个领域 ）

这种执行评价（performance assessment）的方法，不仅能检验孩子的掌握知识的程度，而且能够同时检验他们的收集、分析、综合信息的能力、高端思考能力、逻辑思考能力、自我表达能力、决策能力。

为了进行总体的评价，我们可以利用上面的评价辩论的说明／标准 rubric，也可以利用前面带有□的 5 个方面的内容，制作 rubric 用于评价。如果使用了这种评价的方法，我们就能在上课同时进行评价。只要正确使用了这种评价方法，孩子就能学好 K、S、V。

04

培养多样化的观察视角和高端思考能力

这是孩子无论在什么样的情况之下，都能正确地分析问题，并进行“综合思考”，进行评价所需要的技能。让我来举一个例子。

例 授课内容是利用食物的名称学习英语，这也是一种能够培养高端思考能力的教学方式。美国在教育那些来自非英语国家的幼龄英才时，英语教育就是采用了这样的教育方式。韩国的父母也可以使用这个方法来教孩子英语。这只不过是一个简单的例子，我们完全可以根据需要增删内容。

（1）准备空卡片，然后和孩子一起在卡片上画出各种食物，再写上英语单词。比如，在卡片上画一个苹果，下面写上“apple”，制作很多这样的卡片（苹果、桔子、香蕉、牛奶、面包、糖、巧克力等）。

（2）妈妈拿起苹果卡片，问孩子什么季节吃过苹果？是否喜欢苹果？有多喜欢？有多讨厌？……其他卡片的学习，使用相同的学习模式。

因为孩子往往对与自己有关的事物表现出好奇心和学习的欲望，所以无论是教给孩子什么样的知识，必须要把学习内容和他们的日常生活联系起来。我们同时要记住无论学习什么样的知识，英才都会表现出理论联系实际的学习态度。

同时，父母要引导孩子使用完整的句子回答问题。比如说，如果孩子回答“过年的时候”，父母就应该引导他回答，“过年的时候，我吃过苹果。”其实，英才的词汇量从小就比同龄的孩子丰富，而且他们想尽可能使用完整的句子表达自己的想法。

（3）把所有的卡片都给孩子，然后引导孩子按照下面的要求摆放卡片。我们可以说真正的英语学习开始了。

1.Put the apple on your mother′s head. 把苹果放在妈妈的头上。

2.Put the fish under your book. 把鱼放在你的书下。

3.Put the milk behind your mother. 把牛奶放在妈妈的身后。

4.Put the carrot into the trash basket. 把胡萝卜放进垃圾箱里。

5.Put the candy in your desk. 把糖放在桌子上。

6.Put the steak on the board. 把牛排放在板上。

7.Put the cake behind you. 把蛋糕放在你身后。

可以增加卡片的数量，也可以增加提问。

（4）妈妈对食物进行说明，要求孩子按照说明把相应的卡片拿给妈妈。

1.Bring me a red fruit. 把红色水果拿给妈妈。

2.Bring me something to drink. 给妈妈拿些喝的东西。

3.Bring me a meat. 把肉拿给妈妈。

4.Bring me a vegetable that rabbits like. 把兔子喜欢吃的蔬菜拿给妈妈。

5.Bring me something that a mouse likes to eat. 把老鼠喜欢吃的东西拿给妈妈。

6.Bring me a vegetable that makes you cry. 把你不喜欢吃的蔬菜拿给妈妈。

7.Bring me a cold dessert. 把冷甜品拿给妈妈。

8.Bring me a food that comes from the ocean. 把海洋食品拿给妈妈。

妈妈也可以增加其他的提问。

(5) 在地上，铺上一张大白纸，然后做出如下的要求。

1.Put the apple into a corner. 把苹果放在角落上。

2.Put the banana beside the apple. 把香蕉放在苹果的旁边。

3.Put the milk under the banana. 把牛奶放在香蕉的下面。

4.Put the steak to the left of the milk. 把牛排放在牛奶的左边。

5.Put the carrot next to the steak. 把胡萝卜放在牛排的旁边。

6.Put the candy near the carrot. 把糖放在胡萝卜的跟前，

(6) 让孩子们使用“Yes/No”或者“1、2、3、4”回答如下的问题。

1.Did you drink milk this morning? 早上喝牛奶了吗?

2.How many glasses of milk did you drink? 喝了几杯牛奶?

3.How many apples did you eat? 吃了几个苹果?

4.Do you like candies？喜欢吃糖吗？

5.Is chocolate your favorite flavor of icecream？你是不是最喜欢吃巧克力味道的冰激凌？

(7) 要求孩子分类（水果，肉，饼干等）上面提到的食物，然后说出如此分类的理由。

(8) 把所有的卡片给孩子，然后按照下面的要求，把相应的卡片交给妈妈。

1.You(指的是孩子) prefer____. 你更喜欢～。

2.You dislike____. 你不喜欢～。

3.A rabbit prefers____. 兔子更喜欢～。

4.You want___at a birthday party. 生日聚会中，你想要的是什么？

5.You eat____for breakfast. 早晨想吃的东西是什么？

6.You hope to find____in your lunch. 午餐时，你想吃的是什么？

(9) 下面是孩子进行比较、综合、做出决策的过程。

1.Among these foods, which one do you prefer？这些食物中，你最喜欢吃的是什么？

2.Which ones of these foods are in our refrigerator？这些食物中，我家冰箱里有的食物是什么？

3.Which ones of these foods have you eaten today？这些食物中的哪些食物是你今天吃过的？

4.Which one of these foods do you like the least？这些食物中，你最不喜欢吃的是哪一种？

5. If you were to make your own lunch tomorrow, which of these foods would you put into your lunch sack? 如果让你为自己准备明天中午的饭盒，你想放进那些食物？

如果你的孩子太小，可以省略上面的第 5 个问题。

05

完成一题多答学习任务的方法

美国和加拿大的优秀教师尽量避免布置只存在一个正确答案的学习任务，这是他们为了培养孩子的“思考的柔韧性”而做出的努力。他们喜欢布置一些一题多答的学习任务，例如“天空是什么颜色？”等。因为根据当时的天气和大气压的不同，这个问题可以有不同的正确答案，所以孩子需要根据不同的天气，描述天空的颜色，进行探索学习之后，才能说明天空出现这种颜色的原因。

他们也会布置这样的学习任务，“假如我们居住的小区出现了一家非常好吃的披萨餐厅，这对我们的生活会产生什么样的影响呢？假如你也是一家披萨餐厅的经营者，为了在竞争中胜出，应该制定什么样的经营策略呢？”

为了寻找答案，孩子需要研究地理、经济、消费心理等各方面的因素，然后从几个选项（即几种正确的答案）中，选择自己的答案，而且说明如此选择的理由。

这种教育是培养孩子的“多角度观察视角”，让他们对所有的事物和自然现象，还有所有的人和文化进行多角度的思考。美国和加拿大不仅在英才教育中强调这样的教育，而且普通的学校教育也强调这一点，因为这种思考方式正是这个时代所要求的思考方式。

有关这一点，韩国当下的教育中，还有一个让我非常担心的事实。韩国的某些特殊的教育团体，对孩子进行反美教育，他们的教育不涉及反美的正确与否，只是一味地让孩子用一种视角看待这个问题，这种教育不仅会抹杀孩子的思考能力和创新能力，而且逐渐就会走向另一种思想专制。

对某种社会现象，孩子有“权利”拥有“多角度的视角”，有“权利”接触到不同的主张和见解，尤其是在21世纪，更是迫切地需要做到这一点。如果社会的每个成员理解不了其他人的“多角度视角”，认为自己才是最正确的，那么，这样的社会就不会进步，人们只会在争吵中虚度年华。

民主社会的最主要的属性就是“争论”。我们可以说，如果没有“争论”，民主主义的花朵永远也盛开不了。因为人是一种会思考的动物，所以各自有各自的想法是再自然不过的事情了。尊重多样性文化的程度、“讨论和议论”的过程，也是衡量一个社会民主程度的尺度。

教师和父母应该首先鼓励孩子广泛地了解不同主张和观点，然后再引导孩子自己选择要支持的观点。教师和父母有“义务”引导孩子分析各种各样的主张和观点，培养他们的探究能力和思考能力，拓宽他们的视野。我还希望韩国的教师和父母早一点认识到，尊重多样性和启发培养创新能力，是紧密联系在一起的。让我给大家举一个具体的例子，

例 这是以“谁发现了美洲大陆”作为主题，让孩子进行探索学习的教学。6～7年之前，美国和加拿大的孩子学到的还是哥伦布发现了新大陆，但是最近新的教育课程的形成、席卷整个美国和加拿大的教育改革把培养孩子的“多角度视角”作为重要的教育目标，所以只要孩子到了能够自由阅读的年龄，他们就会给孩子提供至少3种以上的不同视角。例如，提供给孩子哥伦布、海盗、美洲原住民［印第安人，Native Americans（美国：美洲的原住民）和 Aboriginal People（加拿大：

土著民)] 3 种不同的答案，让孩子自己分析、综合、评价各种资料，然后得出这一问题的最终答案。

这种教学多采用"合作学习"的方法，这个例子中就是使用了其中一个叫做"七巧板 (Jigsaw)"的学习方法。我会在"22 培养领军人物的尺度——团队精神"中进一步详细地说明这一方法。

(1) 把孩子分成 3 人一组的学习小组。因为存在 3 个答案或观点，所以让每个孩子只负责学习一种答案，比如，A 学习哥伦布，B 学习海盗，C 对美洲原住民进行有深度的学习，收集并分析有关资料。每个学生都要拿出能够支持自己观点的论据，比如，A 需要弄清楚为什么历史学家们认为是哥伦布发现了新大陆，拿出具有说服力的论据。这个阶段是使每个孩子成为"专家"的学习过程，A 成为研究哥伦布的专家，B 成为研究海盗的专家。

(2) 这回是 A,B,C 三个孩子聚在一起，相互交流和学习的阶段。在这个阶段，孩子首先经过讨论必须拿出"小组意见"，决定他们到底支持哪一种答案，然后以调查资料为基础，报告如此选择的理由。报告可以采取"书面 (论文)"的形式，也可以是"口头"的陈述。

孩子陈述自己的意见或观点的时候，大人应该注意观察，并进行相应的指导。如果孩子支持某一种观点，必须让他们根据"充分的证据和资料"陈述其理由。美国和加拿大的教师经常对孩子说这样的一句话，"拿着证据，陈述你的意见 (Support your opinion with evidence)"。

"Support your opinion with evidence"，这句话包含两层意思。第一，是指我们应该从把教科书的内容当作"真理 (truth)"来背诵和使用考试的方法了解掌握情况的教育方式中脱离出来。

学习和背诵知识固然重要，但是更重要的是，让孩子经历拆分知识和理解知识的阶段，从而进一步应用这些知识，最终习得变化这些知识的“技能（skill）”。也就是说，从小就应该让孩子不要把某种知识当作是“绝对的事实”，应该让他们认识到知识的可变性。同时，孩子也要学会区分“发生的事实（fact）”和人们对这一事实的“观点（opinion）”或“解释（interpretation）”。

“Support your opinion with evidence”，这句话包含的另外一种意思就是，你所陈述的主张、观点必须以明确的理由和根据作为基础。

美国和加拿大的教育让我认识到，美国和韩国人所表现出来的行为差异，不仅仅是源于文化上的差异，教育方式的不同也是其原因之一。

有关这一点，韩国有必要审视一下自己，是否从小就训练了孩子“Support your opinion with evidence”。

只要我们从小好好教育孩子，就能通过教育，改掉那些毫无根据地推销自己的主张，毫无根据地利用网络攻击他人，不懂关怀他人等等诸如此类的坏习惯。

06

辩证思维能力可以提高孩子的判断力

辩证思维能力是指能够准确、清晰地把握已知信息，并能够使用自己的语言重新进行表述的能力和判断力，也是解决问题、引出合理的评价和结论的能力。美国和加拿大的学校为了培养学生的辩证思维能力，利用下面的表格，进行大量的“比较・对照”的训练。孩子通过比较和对照，能够对自然・社会现象形成系统的认识，通过他们自己的“评价”，最后能够对某种现象和状况做出辩证的“解释”或者“判断”。

例 1 假设孩子同时想要两个玩具。如果 TV 或媒体正在播出这些玩具的广告，我们就可以让孩子利用下面的表格分析一下广告，然后让孩子自己选择其中的一个玩具。

<比较·对照表>

<table>
<tr><td colspan="2">A（特点或者自然，社会现象）</td><td colspan="2">B（特点或者自然，社会现象）</td></tr>
<tr><td colspan="4">存在什么样的相似点？（How alike？）</td></tr>
<tr><td colspan="4"></td></tr>
<tr><td colspan="4"></td></tr>
<tr><td colspan="4"></td></tr>
<tr><td colspan="4">存在什么样的不同点？（How different？）</td></tr>
<tr><td>其他说明（A）</td><td colspan="2">其他领域</td><td>其他说明（B）</td></tr>
<tr><td></td><td colspan="2"></td><td></td></tr>
<tr><td></td><td colspan="2"></td><td></td></tr>
<tr><td></td><td colspan="2"></td><td></td></tr>
<tr><td colspan="4">A和B的相似点和不同点的主要类型</td></tr>
<tr><td colspan="2">相似点的类型</td><td colspan="2">不同点的类型</td></tr>
<tr><td colspan="4"></td></tr>
<tr><td colspan="4"></td></tr>
<tr><td colspan="4"></td></tr>
<tr><td colspan="4">（有关A和B的相似点和不同点的）结论/综合解释</td></tr>
<tr><td colspan="4"></td></tr>
<tr><td colspan="4"></td></tr>
<tr><td colspan="4"></td></tr>
</table>

根据孩子的理解能力，也可以进行如下的提问来进一步提高孩子的辩证思维能力。

1. 看完广告，真想买吗？为什么喜欢这个玩具呢？
2. 更喜欢哪一个玩具广告？为什么？
3. 看完广告，你认为拥有这个玩具会给你带来什么好处呢？
4. 如果让你做这个广告，你会采用什么样的形式来做得更好呢？

每当教师提问这些问题，我发现美国和加拿大的孩子就会非常来劲儿，开着玩笑，争先恐后地回答问题。我觉得这种教学方式非常好，正是利用了一些有趣的方法，把学习和孩子的生活紧密地联系起来，达到培养孩子的思考能力的目的。

例 2 孩子阅读的时候，我们也可以挑选出 2 个书中的人物，让孩子利用前面的表格进行比较和对照。孩子做出结论或进行综合解释的时候，也可以让他们发挥想象改编故事的内容。我看到过很多不喜欢阅读的孩子，给他们布置这种课题，他们就会不知不觉喜欢上读书，而且还经常走到老师和父母面前，主动给他们讲述故事。

事实上，培养孩子的阅读习惯，就应该从孩子喜欢的书籍开始。如果强制性地让孩子读一些他们不喜欢的书，只会逼迫孩子离书越来越远。如果孩子能够对妈妈讲述的故事内容感兴趣，这也是启发孩子的沟通和交流技能 communication skills 的好机会。很多韩国的父母，在孩子很小的时候，就把孩子送到演讲学校，想培养他们的沟通和交流的技能。如果我们使用这样的教育方式，每当孩子讲故事的时候，由父母进行及时的指导，也就没有必要把孩子送到演讲学校专门学习这些技术了。父母指导孩子的时候，应该关注孩子说出的句子是否正确、发音是否准确清晰、语速如何、能否有说服力地表达自己的想法、说话的时候是否进行眼神的交流等问题。有关沟通和交流的技术，后面还有详细的介绍。

例 3 如果孩子喜欢看漫画或者电视剧，我们不应该一味地反对，可以挑选出两个主要的男主人公或女主人公，进行这样的比较和对照；可以让他们发挥想象力，改编故事。

美国的英才教育偏爱这种改编故事的教学方式。现在有人把电视称作“愚蠢箱子”，如果我们被动地收看电视，被作家和编剧牵着鼻子走，那真就是在收看“愚蠢的箱子”，但是如果孩子发挥他们的想象力，改编电视剧和电影的内容，一边思考一边收看电视的话，TV 也能成为启发和培养思考能力的好工具。

美国的教育学家知道不可能阻止孩子收看电视（即，他们知道孩子在电视前花费大量的时间），所以他们致力于开发利用 TV 的各种各样的学习方法。

例 4 我们利用某种社会现象，使用相同的方法，也能培养孩子的辩证思维能力。比如，总统选举的时候，我们就可以让孩子使用前面的比较 · 对照表，对每个总统候选人进行评价，然后再决定自己的选票投给哪一个候选人。

这个时候，最重要的是让孩子分析每个候选人的主张，分清哪些是候选人“自己”的意见，哪些是正在发生的，或者有可能发生的事实。因为政治家为了使自己的主张具有说服力，最善于把自己的“意见”包装成正在发生的，或者有可能发生的事实。

美国和加拿大不仅是英才教育，而且在普通的学校教育中，从小就教给孩子很多区分“意见”和“事实”的方法。孩子学习历史的时候，学习某一个特定的历史事件的时候，教师会让孩子接触到历史学家们的“不同的意见”和“不同的见解”，然后让他们收集有关资料，进行探索学习，分析并发表哪些是“意见”，哪些是“事实”，最终决定支持哪一个历史学家的观点。

这种教学中，老师决不会把自己的意见强调成“事实”，强加给学生，他们尽可能让孩子接触到更多的信息和观点，至于判断、评价、决定是孩子自己的事情。

世界变化得越快，我们越应该善于区分“意见”和“事实”。只有这样，我们才能面对任何状况，都能做出明智的判断和选择，这种教育也可以说是 21 世纪迫切要求的时代教育。思考的柔韧性和“多样化的视角”是孩子21世纪的生活所必需的技能。美国和加拿大的教育认为，为了培养孩子的创新能力，这种思考的柔韧性是比什么都最重要的。

在韩国，仍然还有一些教师面对那些判断力还不太成熟的孩子，把自己的“意见”包装成“事实”强加给学生。这种教育方式是抹杀解决问题的能力和创新能力的“致命毒药”。我们应该尽可能让孩子多了解各种观点，这同时也是受教育者的权利，也是作为民主社会的一员应该享有的权利。

07

能够让你从辩论中胜出的逻辑思维能力

逻辑思维能力是和决策能力密切相关的能力，是指分析问题或情况，经过系统而明确的解析过程，最终找出解决问题方法的技能。一个人具有出色逻辑思维能力，往往也就有了善于辩论的能力。因为辩论的基本规则和逻辑思维的方法是相同的。逻辑思维一般要经过下面的几个阶段。

☆ 逻辑思维的步骤

a. 准确理解并解释问题和情况的基础上，把握问题所在。
b. 根据已知信息，提出自己的见解，并为此进行符合逻辑的说明。
c. 做出决策。

例 1 从很小的孩子身上，我们也能观察到逻辑思维的痕迹。刚刚出生 12 个月的孩子，为了了解自己的周边环境，为了对应发生的状况，他会用手触摸身边的东西，扔一扔手里抓到的东西。比如，孩子一旦触摸过还没有凉透了的电熨斗而受到过惊吓，就会远离电熨斗。

再举一个例子，如果把食物、小饭勺、叉子摆在孩子面前，他们就会使用勺子，或者使用叉子，或者用手抓，再或者冲着妈妈叫喊（因为他们想吃，但是吃不到嘴里），最终他们会使用自己领悟出来的方法来吃东西。孩子在找到最为方便的方法之前，他们会犯这样那样的错误（这个阶段就是“收集信息”的阶段），然后才能做出最终的决策。

这种方法，虽然需要妈妈跟在孩子的屁股后面搞卫生，但是与直接喂食的方法相比，让孩子亲自摸索，更有益于启迪孩子的逻辑思维。如果在饭店或者和别人一起吃饭的时候，就不能这样放任孩子，因为除了培养逻辑思维，孩子还需要学到不能伤害别人的道理，需要学会关怀他人。

例 2 美国的教育家发现，如果妈妈握住 1 岁左右的孩子的一条胳膊，限制自由移动，孩子开始会闹，但是他为了做出其他的动作，慢慢会适应这个限制，并领悟出自己的一套方法。这是孩子通过无数次的失败，逐渐发展逻辑思维的表现。

通过上面的例子，我们可以知道，满足孩子所有的愿望并不等于优秀的养育。为了养育好孩子，鼓励或表扬固然重要，但是有目的地设置障碍、严厉的批评也是同等重要的。

有些韩国的父母认为，优秀的教育就是尽量满足孩子的物质和情绪上的需求。我希望这样的父母能够记住，有时“吝啬”要比“满足”更有助于孩子的智力发展和情绪上的稳定。

如果父母有求必应，孩子就能轻而易举地得到他们想要的所有东西，也就不需要付出努力（思考），他们就会生活在没有“刺激”的环境中，这样的环境不利于培养孩子的思考能力和独立能力。人的思考能力是在困境中，克服障碍的过程中得到发展的。同时困境也能磨练出孩子的耐力。

例 3 按照样子、颜色、大小分类积木或有数字的塑料玩具，引导孩子总结出如此分类的标准。如，妈妈先按照颜色分几次给孩子看，有些一岁左右的孩子就能跟着妈妈做。

这样的孩子当然是一个与生俱来的英才，如果你的孩子还做不到，也没有必要失望，只要多花一些时间和孩子反复进行这种游戏，孩子早晚会领悟到这种游戏的“规则”。孩子领悟到这种“规则”意味着他们开始形成逻辑思维。

例 4 让孩子想象一下，家里的围墙外有几个动物，我们隐约能看到的是 4 个头和 12 条腿，会是些什么动物呢？

这是我在很久之前观摩过的一次教育英才的教学。当时，两个答案给我留下深刻印象，一个是“三头马和一条鱼”，另一个是“一条狗，一个猫，一只鸟和站着的熊”。孩子想到的一般是陆地上的动物，但是有个孩子的答案中出现了鱼，这让我很是感到意外。

这个时候，需要注意的是，应该追问孩子想出这种答案的原因，进一步刺激孩子的思考，进一步发展他的思考能力。

这一次，再让我们了解一下，我们如何培养稍大一点的孩子的逻辑思维能力。使用最多的方法就是 DBQ（Document-based question：以资料作为基础的提问）。

08

讨论学习中高效的DBQ学习方法

DBQ学习方法指的是，针对某个事件或主题，首先让孩子接触到各种资料，然后再让他们陈述自己的主张。美国和加拿大不仅在英才教育中，而且在那些小学到高中的普通孩子的教育中也广泛使用这种教育方法（美国的普通学校，3年级就开始使用这种方法）。

例 这是一次小学的教学，孩子学习中国古代的4种思想，再使用DBQ学习方法，让他们了解当今社会的指导思想。教师先给孩子简单解释产生儒家、道家、佛家、法家思想的背景，说明中国古代的君王为了自己的统治，各自使用了4种思想中的一部分思想，最后布置如下的学习课题。

要求孩子阅读提供的4种资料，弄清楚每个资料说明的是那一种思想。这个时候，使用的资料是代表孔子主要思想的一些句子、体现道家思想的一些节录等有关主题的资料。

根据资料，让孩子说一说，作为统治者应该具备哪些条件？

假设有一个盗牛贼，让孩子依据各种思想，说明应该如何进行惩罚。

利用所有的资料，让孩子以现今统治者应该具备的条件为主题，写一篇论文。（这个阶段的目的是，联系道德和决策能力，培养孩子的领导能力。美国和加拿大不仅进行教科书上的"文字和口头的教育"，而且也进行能够让孩子多思考、亲自体验的道德教育，同时也致力于培养他们的领导能力。）

针对如今社会上的某一个问题，我们也可以使用 DBQ 学习方法来教育孩子。美国和加拿大的教师一般利用国外报纸上报道的新闻。孩子们通过接触和分析不同的见解，最终可以总结出自己的看法，培养思考的柔韧性。

就像我在前面谈到的那样，美国和加拿大的教育要求孩子写文章的同时，也给孩子提出明确的写作指南（rubric），教师也是按照这个标准来评判作文的。

09

有效指导作文和辩论

我在这里介绍了美国和加拿大教师普遍使用的作文指南。

＜作文指南（例）＞

□ 作文是由绪论（1 段），内容（2 ～ 3 段），结尾（1 段）构成。

□ 准确而正确地引用资料里的内容，每个资料最少要使用一个以上的信息为你（学生）的观点服务。

□ 陈述自己的观点时，要使用从资料中精选出来的例子，也可以适当引用与主题有关的其他资料的内容。

□ 作文中要体现出分析、评价、比较、对照资料的能力。

□ 绪论、内容、结尾（4 ～ 5 个段落）的组织要符合逻辑。

□ 在绪论中，应该简单陈述作文的主要内容结构（framework）。结尾中要做到高度概括主题，应该体现出善于解决问题的能力。

孩子按照上面的指南进行写作，并在□中逐项做好记号。

为了写好这种作文，孩子还需要明确地认识到写作之前的各种“准备工作”的重要。准备工作的内容如下。

◎ 写作的准备工作，以及定义

- ◆“分析”：把握每个已知信息的性质，以及内容之间的联系。
- ◆“对照”：已知内容之间的共同点和区别。
- ◆“描写”：实事求是地陈述某个对象。
- ◆“辩论”：利用事实和理论说明某一个对象。
- ◆“评价”：审阅和判断已知内容的重要性和价值

与此同时，他们也会教给孩子写作的“注意事项”。内容如下：

◎ 写作的注意事项

◆ 不能省略使用引用资料。因为考察作者是如何理解和分析了这个资料也是这个课题的焦点之一。

◆ 不能长段引用资料。因为引用是为了辅佐作者的观点，所以引用尽可能要短。

◆ 为了追求高分，不应该使用一些生僻的词或者不恰当的用语。

◆ 不应该在阅读资料、思考写作方向上花费太多的时间。

我希望父母能够认识到，孩子在规定的时间内完成课题的重要性不亚于出色地完成课题。孩子应该从小养成有效地使用时间的习惯。

简单来说，美国和加拿大的孩子，就是因为进行了大量的这种“系统的写作练习”和“逻辑思维”的训练，所以他们才能在“辩论”中胜过韩国的孩子。由此可见，教育真的具有强大的力量。

◎ 如果想善于辩论？

为了富有逻辑地进行思考和写文章，孩子必须明确认识前面所列举的各种定义。长期进行分析、比较、对照、描写、评价、辩论的练习是必需的，因为只有经过这种长期的磨练，孩子才能养成逻辑思维的习惯。

韩国的大学入学考试中，论述考试变得越来越重要，但是我们不应该让孩子仅仅把它当作一种考试的内容，而应该从小进行这种逻辑思维的“系统”训练，使其成为学生必备的素质。

10

多读、多写的重要性

美国和加拿大的教师经常说，多读、多写是最好的语言教育，所以每天都应该读一些、写一些东西。美国的幼儿园，以及小学的课程表中，每天都有“阅读时间（reading time）”。这种阅读时间不同于韩国的国语时间，是真正的让孩子阅读童话的时间，是教师结合图片给孩子读书的时间，孩子自己阅读的时间。经过几年这样的教育，孩子自然就会养成读书的习惯。

方法 1 ：买玩具时，必须也要买童话书（有图片的童话书）。

美国和加拿大的教师经常劝告父母，给孩子买玩具的时候，一定也要给他们买书。就是说，父母应该想办法让孩子从小认识到书的重要性。

假使孩子太小，还不能阅读，但是最少他们也能把书当作玩具来玩。如果父母给孩子看书中的图片，反复读讲某些简单的单词，孩子逐渐就能学会这些单词。父母应该记住孩子喜欢的单词或句子，再给孩子读书的时候，出现了这些单词和句子，就应该让孩子自己说出来，这种方法尤其适合于阅读一些韵律感很强的诗和文章。

这是一种能让孩子把读书当作一种乐趣的好方法，所以美国和加拿大的很多教师经常使用这种方法。

方法 2 ：旅行时，一定要带上童话书（有图片的童话书）。

韩国孩子的阅读量远远赶不上美国和加拿大的孩子。美国和加拿大的父母从小诱导孩子与书相伴。比如，很多家庭，当爸爸开车的时候，妈妈常常就坐在后排给孩子读童话。

他们给孩子读书的时候，也不是照着书读个不停，而是为了培养孩子的想象力和思考能力，不时地停下来给孩子提出一些问题，“你觉得下面会发生什么样的事情呢？”“玛丽接下来会做什么呢？”。孩子入睡之前，父母给孩子读童话书，这几乎已经成为了每天的惯例，成为了一种习惯。这种读书的习惯会伴随孩子的一生。

方法 3 ：让孩子读什么样的书呢？（有关英语的书）

我们应该从小让孩子接触带有很多图片的英语童话书，让孩子熟悉英语，然后再逐步调整童话书的难易度。英语的实力不可能一天就提高，如果你想让孩子喜欢上英语，就应该付出坚持不懈的努力，就要使用能够引发学习兴趣的教育方法。父母应该引导孩子把书当作是能够为他们“提供必要信息的工具”，“一种有趣的东西”，而不应该是一项不得不完成的任务。

虽然韩国已经引进了大量的英语童话书，但是有必要选择那些能够有效帮助英语学习的童话书。因此，我在这里给读者介绍一个美国和加拿大的教师经常使用的书目。

美国具有代表性的英语（他们的国语）教育学者组织IRA（International Reading Association）每年都会公布“孩子选择的书目”。美国和加拿大的教师参考这个书目，给孩子提供阅读的图书，因为他们认为，这些书首先是因为孩子喜欢才会被选出来，再者也经过了专家的审核，应该更有助于实现教育目标，而且IRA是美国具有权威性的英语教育组织。

在IRA提供的书目中，我为幼儿和小学生选择了如下的一些书，这些书是以美国和加拿大孩子的年龄作为标准，所以韩国的父母应该根据孩子的智力发达程度和阅读能力做出适当的选择。

美国的英语教育家建议，应该根据孩子的身体、智力、语言、道德的发展程度来为孩子选择图书。

0～2岁：根据孩子身体发达的程度选择图书。我们要考虑孩子能否看到书中的图画，要根据孩子的耐心，选择一些故事非常简单，色彩鲜明的图书，最好是选择那些能够和孩子进行互动的图书，因为这样的书可以帮助孩子学说话。在这个年龄段，美国和加拿大一般使用下面的图书，

- Dorothy Kunhardt(1962—2001)，《Pat the Bunny》
- Harriet Ziefert(2002)，《Who Said Moo》

2～4岁：选择一些能让孩子学到某些概念的图书。比如学习ABC、数字、单词（word books）等的图书，也可以为孩子选择一些故事情节简单的寓言，或者孩子能够与书中的人物产生共鸣的书，比如：

Shirley Hughes(1982),《Alife Gets in First》

4～7岁：这个时期，孩子逐渐变得独立，喜欢朋友，所以应该选择一些与他们生活有关的图书和描写这个世界的书，比如：

- Bernard Waber，《Ira Sleeps Over》
- Ruth Miller & Bill Slavin，《The Bearon the Bed》
- Claire Masurel & Melissa Iwai，《Big Bad Wolf》
- Carol Shields & Scott Nash，《The Bugliest Bug》
- Eugine Fernandes & Kim Fernandes，《Busy Little Mouse》
- Mini Grey，《The Adventures of the Dish and the Spoon》
- Linda Ashman & Henry Cole，《Can You Makea Piggy Guggle？》
- Sarah Thomson，《Amazing Dolphins！》

每个孩子的发展程度和阶段都是不同的，所以父母有必要根据自己孩子的实际情况，给孩子选择适当的图书。

就如我们在上面的书目中看到的那样，给孩子读书（或者孩子们自己读）或者教孩子一些东西的时候，父母应该选择一些让孩子感觉到亲切的图书来大幅提高英语学习的效率，比如，孩子喜欢的动物、孩子每天都能接触到的周围事物等，因为这样方便于孩子把这些素材和自己的日常生活“联系”起来。

给孩子读书的窍门是朗读要大声，根据内容适当加入感情。如果给孩子听原声录音带，妈妈最好是抱着孩子，把书放在孩子的面前，跟着磁带一起读，中间也有必要给孩子提出一些问题。

下面是 IRA 为小学生准备的书目。这里的小学生指的是美国的孩子。因为英语并不是韩国孩子的母语，所以韩国的父母应该推迟这个书目的适用时间。让我先简要地介绍一下，IRA 总结出来的孩子按年龄段所表现出来的一些特点。

7～9岁：这个年龄段的孩子，开始理解他人不同的视角，开始接受这个世界并不是“好”人和“坏”人这么简单。虽然根据孩子的智力发展程度会有所不同，但是也可以开始理解稍微复杂的内容。例如，我们可以选择下面的这些书：

◆ Arlene Williams，《Tales from the Dragon′s Cave：Peacemaking Stories for Everyone》

◆ Bruce Hale，《The Hamster of the Baskervilles：A Chet Gecko Mystery》

◆ David J.Smith，《If the World Werea Village：A Book About the World′s Place》

9～12岁：智力活动活跃时期，孩子能够阅读内容复杂的书籍，也是对外国人增进了解的时期。科学幻想小说也是这个时期很好的阅读材料，例如：

◆ Cynthia Voigt，《Bad Girlsin Love》

◆ Peter Crisp，《Ancient Egypt Revealed》

◆ Terence Blacker，《The Angel Factory》

◆ James Buckley，《Baseball Top10》

◆ MargaretP.Haddix，《Among the Betrayed》

◆ Simon Adams，《Code Breakers：From Hieroglyphics to Hackers》

◆ Jan Cheripko，《Rat》

◆ Christopher W.Baker，《Robots Among Us：The Challenges and Promises of Robotics》

美国的英语教育专家说，父母的任务不仅仅是给孩子买书，为了有效的语言教育，父母应该做好和孩子一起读书、讨论的准备。父母通过和孩子一起读书，针对书中的内容提出适当的问题，通过一起讨论的过程，可以达到稳定孩子的情绪、发展智力的目的。

我们可以参考前面（2 明确父母的期待值的方法）的“观看电影时，父母能够提出来的问题”进行。

方法 4：让孩子写日志

日志是指采用书面的形式，简约叙述某件事情的整个过程。比如，我们假设孩子和妈妈或老师去养老院参加了义务劳动，或者参观了博物馆。孩子和妈妈首先制定计划，然后到养老院实践了这个计划，回到家里，再让孩子回顾整个过程，写出“日志”。这种日志必须包括如下几个方面的内容。

<日志指南（例）>

a. 让孩子叙述参加这次义务活动的目标和动机，以及实践情况等（如果使用英语，让孩子简单写出参加活动的原因或目的）。

b. 叙述要做到“实事求是”。

c. 写出与原先制定的目标和计划相比，什么方面自己做得很好，什么方面做得不够，还有对这次活动的看法、下一次需要完善的部分。

这种日志也可以用作完成任何课题之后的“自我评价的方法”。如果孩子可以持之以恒，不仅他的语言或英语实力会有长足的进步，而且也会逐渐摸索出逻辑思维的方法和井然有序的写作和论述的方法。如果使用的语言是英语，也可以让英语老师帮你检查。韩国的国语和英语教育也应该强调实用性，还有应该换一种能够产生“确实”效果的方式，来培养孩子的逻辑思维能力，比如，采用美国和加拿大的那种从小就注重培养孩子这方面能力的方法。

对于美国和加拿大的孩子来说，写日志是一件非常熟悉的事情。他们从小按照上面所列举的方法，接受了很多这样的训练。这种写作训练，不仅是为了培养孩子写作的技能，而且也是为了培育和熏陶孩子的人格和社会性、道德、关怀他人之心。

美国的大学入学考试要求考生写一篇论文，孩子从小无数次的日志写作经验就会成为写这种论文的基础。大学的论文评判标准并不是论文的写作质量，而是通过论文的内容，观察考生的人生，或者观察考生在日常生活中都学到了什么，为了自身的成长付出了多少努力等。

我们比较美国大学的这种论文评价标准和韩国的论述考试，也不难发现两者之间的区别。韩国的论述主要考核考生的写作能力等智力方面的能力，而美国不仅考核这些，而且提倡表现出考生本身的内在因素和价值观的文章。韩国的孩子为了学会论述，花费额外的时间和金钱接受专门的教育，但是美国的孩子从小习惯于写作，通过写作培养出了逻辑思维的习惯，学会了如何利用文章表现自身内在的东西和价值观。

如果孩子过于依赖补习学校的学习，就学不到思考的方法，因为这种学校的主要教育目标就是教会孩子取得优异考试成绩的“窍门”。“窍门”永远也超越不了“根本原理”和“思考的方法”。

我想拜托韩国的父母尽快认识到，孩子的教育需要时间，也需要父母耐心等待的姿态。虽然我们可以短时间内掌握“窍门”，拔苗助长，但是“原理”或者“思考的方法”需要长时间的学习和训练。我希望韩国的父母能够记住，从长远来看，通晓原理和思考方法的人要比那些熟知“窍门”的人更容易成功。

如果每天写英语日志有困难，我们可以从每周的单词（word of the week）中选出一个单词作为写作的主题，每周让孩子写一篇日志，例如，选择“冰激凌”作为主题。美国的教师经常利用“每天的单词（word of the day）”或“每周的单词（word of the week）”，训练孩子写日志。我们孩子的日志写作的训练也可以使用这样的方法。

11

综合对待爆炸的信息

综合思考能力是指对某个主题和现象的各种情况同时进行复合思考的能力，所以也是指能够深刻思考某个主题和现象，进而解决问题的能力。

例 1 下面是以废品回收再利用作为主题的教学。首先从 4 个方面学习需要垃圾回收再利用的理由，然后学习废品回收再利用，能够给我们带来什么好处和它的重要性，以及 4 个方面的相互作用。

作为最后一个阶段，让孩子利用各种废旧物品进行发明创造。比如，给孩子一张大白纸，让他利用这些废旧物品，在上面建设一座城市，建成了就给这个城

市起个名字。孩子可以利用鸡蛋的包装（3个鸡蛋的包装）制作城市的交通信号灯（涂上红色，绿色，黄色）；利用饼干盒，制造各种建筑物；利用塑料瓶制作各种沿街的造型。我在美国观摩英才教育的时候，英才的创新能力和想象力时常让我惊叹不已。这种教学不仅能培养综合思考能力，而且也能培养孩子的创新能力。

例2 教学的主题是了解人们对肝细胞研究的态度。因为宗教的原因，很多美国人反对这种研究。这是一个需要综合思考能力，需要同时考虑自然科学和社会科学的问题。教学的焦点就在于引导孩子了解各种赞成和反对的意见，经过分析、综合、评价的过程，形成自己的看法，所以孩子需要懂得处理信息的方法。

（1）首先从网络和报纸等资源，有目的地收集有关资料。不要试图收集所有的有关肝细胞的资料，应该收集那些能够辅佐自身观点的资料。21世纪是信息时代，所以孩子从小就应该学会选择性地使用这些爆炸的信息。美国的教育大学（美国的教师进修大学和师范大学是在一起）的教授在课堂上也经常给现职教师和预备教师提供，哪些信息是值得信赖的，哪些信息是缺乏可信度等信息情报。比如，给他们提供一些有关教学方面的网络资源，告诉他们哪些教育网站可以放心使用，哪些是他们不建议使用的教育网站。

（2）阅读和分析收集的资料，让孩子自己提出几个需要回答的关键问题。无论是阅读什么文章，我们都应该带着自己的目的，带着问题来阅读，这样才是“有效的阅读”。孩子解决这些问题的过程，也就是培养辩证思维能力的过程。例如，我们可以提出如下的问题：

◆ 赞成和反对肝细胞培育的主要理由是什么?
◆ 各自主张的说服力怎么样?
◆ 赞成与反对的观点是否充分考虑了这种研究带来的正面和负面影响?
◆ 哪一种观点能给人类带来更多的好处?

简单来说，回答这些问题的过程，也就是分析问题的阶段。

（3）综合审视赞成和反对的观点。比如，我们要同时考虑医学的发展可能带来的结果、社会方面可能产生的正面和负面结果、经济发展所能带来的结果、宗教方面有可能产生的结果等。

（4）要求孩子书面表达自己的观点。这个时候，我们需要检查孩子对资料的理解程度、孩子的观点是否具有说服力、语言（尤其是有关肝细胞的专门术语）是否恰当、是否充分分析和预测了支持和反对肝细胞研究所能产生的影响等（我们也可以用这些方面的要求来制作先前所说的rubric）。我们也可以再进一步，让孩子写一写为了解决这种赞成和反对的意见，需要进行哪些医学研究和努力。

当孩子综合处理有关信息的时候，综合思考能力才会得到发展。处理信息指的是收集、分析、综合评价有关某一主题的信息，并进行多角度的思考。小孩子也能培养出这种思考能力，让我给读者举一个例子。

例 3 给孩子看某个画册或者旅行照片，然后提问如下的问题：

□ 分析阶段："妈妈穿着什么颜色的衣服呀？""爸爸正在给你什么东西呀？"（这些问题看起来非常简单，但是如果孩子想要回答这些问题，就要知道有关颜色的单词。四五岁的孩子一般不会知道这些颜色的单词，但是需要父母记住的是英才知道的单词要比普通的孩子多，也会在日常生活中不断地尝试使用自己所掌握的单词。）

☐ 综合阶段：“我们是在什么季节旅行的呀？”“我们为什么去了那里？”这个阶段是让孩子为自己的某个行动找出理由，并进行说明的阶段。

☐ 评价阶段：“那一次的旅行怎么样？”“下一次，我们还去那里呀？”“为什么不喜欢呢？”这个阶段是了解孩子的想法和意见（评价）的阶段。

这种方式的思考方法也是逻辑思维能力的一部分，各种思考能力并不是孤立的，而是相互联系在一起的。

例 4 这是让孩子了解 500 年前欧洲科学革命的教学。从人类历史上看，科学革命是近代科学的发端，也为后来的科学发展提供了基础。韩国讲解世界史，讲到科学革命，只会涉及伽利略、牛顿等有名科学家的业绩，一带而过，但是美国的那些对科学革命有深刻了解的教师，就会把这段历史当作培养孩子综合思考能力和解决问题能力的很好的教学素材。

根据过去的 20 年历史学家的新发现，科学革命不仅仅是牛顿、伽利略、开普勒等几位有名科学家的业绩，还要同时考虑影响这些科学家业绩的各种社会因素、经济因素、政治因素和宗教因素。当时西欧的政治、宗教、社会、经济对科学家的研究产生了肯定而积极的巨大影响（所以促发了科学革命），与此相反，例如韩国和中国等，当时整个社会环境没能对科学发展产生积极而肯定的影响。

教师根据这样的历史事件，让孩子自己通过查阅史料，阅读历史学家的论文，了解什么样的社会因素对近代科学的发展产生了积极的影响，或者起到了阻碍科学发展的作用，也就是让孩子以社会史的角度去分析科学革命这一历史事件。

教学的结尾阶段，要求孩子思考一下，为了发展科学技术，政府和国民应该发挥什么样的作用，并把自己的想法写出来。

还有，让孩子思考一下，随着科学技术的发展，我们作为开放社会的成员，应该具备哪些条件，即，进行道德教育，教育孩子应该正确使用科学文明给人类带来的各种“利器”。这种教育是时代的要求，但是很不幸的是韩国的教育中找不到这种教育的身影，所以有些人利用网络散播谣言伤害他人，有些人利用电话或者高端装置进行诈骗。美国教育家们的观点是，“虽然教育杜绝不了犯罪，但是教育还是能起到大幅减少犯罪的作用。”

我们不谈英才教育，就是为了韩国文化的发展，道德教育也是值得韩国的教育专家和父母认真思考的问题。事实上，经济的发展并不是先进发达国家的唯一标准，社会成员之间需要遵守的必要的礼仪也是主要标准之一，这是跻身于先进文化发达国家之列的必要条件之一。韩国的学校教育过于强调学习，没能进行正确的道德教育和情绪教育。政府也主要强调经济的发展，而忽视了很多这种文化侧面的教育。

久居海外的韩国人，回到韩国就能感受到一种杀气，他们觉得韩国社会变得越来越杀气腾腾，觉得人们不懂什么叫彼此关怀，利己主义者越来越多，而且年龄越小利己程度越深，所以他们自然担心韩国的未来。

美国是从 1996 年开始，由美国教育部主管，把道德教育变成了义务性教育，大幅强化了小学的道德教育。他们也没有像韩国那样专门开设“道德”课，但是他们“每天”都在进行以实践为中心的道德的教育。美国之所以出现这种强化道德教育的趋势，也正是为了呼应时代的要求。他们的观点是，因为科学技术的发展，因为电视、电脑游戏等，孩子独处的时间会越来越长，会变得越来越没有礼貌，所以美国的教育界一致认为有必要采取特殊的措施。

我从报纸上读到过，英国紧随美国也从几年前开始全面强化了小学的道德教育，政府也为了这方面的研究投入了大量的资金。时代变了，孩子也应该有所变化，所以教育也应该有变化。我希望韩国的政府和父母也能对此进行深刻的思考，避免那种教科书加上考试，以及理论上的道德教育。我会在“15 ～ 18”详细介绍，美国和加拿大采用什么样的方式，如何进行道德教育。

12

准备未来的统合型合作教学

什么叫做综合思考能力？我们为了解决问题，首先有必要综合考虑与此问题有关的各种因素，然后再做出最后的决定。我们的世界，我们的日常生活要求这种综合思考能力，但是韩国的学校教育却令人感到万分凄凉，学校开设的各个科目和教授的各种知识之间存在着严格的界限，每一个都是孤苦伶仃独立的存在，根本看不到以培养孩子的综合思考能力为目标的统合型合作教学。不仅是初、高中教育，甚至是大学教育也是如此。

不久前，我听说有一位韩国知名的自然科学家想举办一次主题为自然科学和人文科学的讲座，却遭到了大学的拒绝。现在是 21 世纪，但是韩国的教育却与三四十年前的教育没有什么两样！

与此相反，让我举一个美国的例子，最近几年，美国的学校教育为了能让孩子适应这个瞬息万变的世界，采取了很多的方式，教学方法发生了很大变化，其中之一就是美国的小学和中学都在使用的统合型合作教学模式。

比如说，英语教师和社会学科的教师合作教学，社会学科的教师又与科学学科的教师一起备课，一起教学。这是因为人类带来了科学技术的发展，科学技术的发展又会对世界和人类社会产生正面和负面影响，所以明智的选择，就是我们必须同时学习社会和科学领域的知识，这也是这个时代对孩子提出的要求。

根据美国英才教育专家的研究，像新加坡和韩国的英才教育是以数学和科学为中心的教育，但是美国的英才教育除了数学、科学和英语之外，还包括社会学科（包含历史、政治、经济、文化）。我认为，这有可能是社会学科的统合性所带来的结果，只要教育得当，不仅能够培养孩子的综合思考能力、逻辑思维能力、辩证思维能力、解决问题的能力和创新能力，而且也能同时进行道德教育。

我个人认为，准备孩子的未来，美国式的这种统合型英才教育，要远远优越于新加坡和韩国式的教育。现在，让我为读者举一个美国和加拿大优秀教师的统合型合作教学的具体例子。

例 1 孩子居住的村庄或城市是教学的背景。假设老人们把建设老年社区的工程交给了孩子，下面是老人们提出来的条件。

◆ 老人社区需要大小一样的 100 栋房子。

◆ 每栋房子都要配备一个小庭院。

◆ 社区里，除了药店、医院、超市等基本设施之外，希望孩子经过调查之后，发挥他们的想象力，添加其他的设施。

◆ 给他们送去老人社区的名称、标志和图纸。

孩子分成小组，按照上面的要求，需要逐步完成各项任务。首先，制订需要完成的工作目录。

◆ 给老人社区起名，创作标志。

◆ 建筑物的目录（列举 100 栋房子、医院、莲花池、围绕着莲花池的公园、药店、超市等建筑物）。添加的其他建筑物，必须通过小组讨论决定。

◆ 给各种门市和建筑物起名。

◆ 完成老人社区的地图。这个时候，孩子需要讨论每个街道的名称，还要讨论把一些交通标志和路牌放在哪里更恰当，更有效率。

◆ 制作介绍这个老人社区的广告。这个广告必须包括社区的方方面面，同时也要简洁。广告可以采取歌曲、海报、短诗等形式，经过讨论之后，决定最有效的方式。

孩子完成这样的学习课题，需要很多种技术。需要解决问题的能力、创新能力、想象力、艺术方面的才能、综合思考能力，还需要企业家开辟新事业的方法等。这个教学是针对小学高年级的学生进行的，但是根据孩子的智力发展情况，也可以适用于年龄更小的孩子。如果孩子太小，有一定的困难，我们也可以稍微变化之后再使用。

例 2 孩子的年龄越小，我们的教学越应该从孩子所熟悉的周围环境出发，这样更有效率。比如，我们不应该要求建设老人社区，应该让孩子在自己家的周围建设自己喜欢的一些店（匹萨店、肯德基、玩具店等）。

教学的方法是和前面例子一样的，只是制作广告的时候有些不同，可以让孩子制作宣传社区的海报，或者创造一首歌颂社区的歌曲。

这个时候，需要父母注意的是，无论教给孩子什么，教学一定要符合孩子智力发展水平。父母应该耐心等待，等到适当的时机，再使用这些好的教学方法和点子。父母可以一边等待一边进行符合孩子智力发展水平的教育，不断地刺激孩子的好奇心，培养他们的各种思考能力。

如果孩子不感兴趣，再好的教学也没有用武之地，所以与其进行强制性地教育，还不如耐心观察自己的孩子，找出孩子关心什么。

例 3 如果孩子喜欢蝴蝶，我们可以利用蝴蝶进行各种统合型合作教学；如果孩子正在学习数字，我们就可以在画出的每只蝴蝶上写上从 1 到 10，或者到 20 的数字，然后依次摆出一个蝴蝶的形状；如果我们使用不同的画蝴蝶的方法，孩子就可以一边画蝴蝶，一边很自然地学到数字。

孩子也可以通过网络和百科全书上的蝴蝶图片，进一步学习不同形状的蝴蝶，以及它们的分布情况。从上面的例子中可以看出，美国的英才教育和韩国的死记硬背的学习是大不相同的。

父母不断刺激孩子的好奇心，关心孩子的爱好会对孩子的智力发展起到非常重要的作用。学校的教育是做不到这些的，唯有父母才有可能做到这些。父母应该关心孩子的所爱，和孩子一起讨论，一起阅读有关的书籍，一起利用网络查找资料，渴望培养孩子的探索能力和思考能力，是父母必须应持有的态度。

孩子对自己喜欢的东西感到好奇，他们会为了满足自己的好奇心而学习，不知不觉就会磨练出思考能力和探索能力等各种技能。如果孩子以满腔的热情，持之以恒的毅力进行这样的学习，自然就会成为这个领域的世界级专家，现实生活中确实也不乏其例。

父母也必须了解，随着孩子的成长，他们关心和好奇的对象也会有所变化，父母只要跟着孩子的变化而变化就可以了。孩子从小涉足各种领域，体验一下，这对他们的未来也是非常重要的，等到一定的时期，孩子就会明白自己到底喜欢什么。

父母做不到以身示范，只是强迫孩子到各种补习学校学习，这种教育方法只会把孩子的好奇心泯灭。让我们牢记，只有和孩子一起学习的父母才能培养出英才。

假设有一位母亲每天都对孩子唠叨，埋怨他不读书，自己却每天都在网上阅读一些女性杂志，那么孩子当然就会认为，“妈妈每天都在网上看那些东西，为什么却要求我读书呢？”父母以身作则对于孩子的健康成长起着非常重要的作用。

13

不断提问，不断回答

如果想解决某个问题，需要经过下面一系列的过程，创新而有效地逐步解决问题。

◎ 解决问题的步骤

a. 首先，必须正确把握问题的性质。这是解决好问题开始阶段不可或缺的步骤。

b. 为了解决问题，寻找各种可能的方法和点子。

c. 比较和分析各种方法，思考一下每个方法所能带来的结果，然后再综合思考哪一种是最好的解决问题的方法。

d. 找到了最佳方法，就要考虑实践。

例 1 这是 4 年级孩子的英语课堂。教学的主题是让孩子替 3 本小说（孩子们阅读过的 3 本小说）中的主人公，找出解决他们的问题和难题的方法。

我在前面已经说过，为了培养孩子的思考能力，教师和父母应该尽量避免布置只存在一个正确答案的问题或课题。一题多答的问题可以促使孩子进行多方面、多角度的思考。教师和父母的任务就是关注孩子的学习，检查他们的学习是否在按部就班地进行，并且要不断地鼓励他们进行思考。韩国也该从那种陈旧的“灌输型”教育方式中脱离出来了，孩子会在主动的学习中学到更多的东西！还有就是，不断提问，不断回答，孩子通过这种互动可以培养各种思考能力。

为了替小说里的主人公解决问题，孩子需要做如下的工作：

（1）首先，孩子需要正确把握主人公们所面临的问题和难题，并以书面的形式把这些问题写出来。制作问题的目录，然后分析一下，看一看是否存在共同的问题。

（2）思考一下这些问题和难题，除了小说里的解决方法，是否还存在其他的解决方法。

（3）预测一下，找到的解决方法会带来什么样的结果，再以这些预测为基础，选出最佳的解决方法。

（4）考虑依照选出的解决问题的最佳方法，故事会发生什么样的变化，要求孩子写出这些系列变化。也就是说，让孩子充分考虑小说里的人物，会受到什么样的影响、故事的展开会带来什么样的变化、可能会出现什么样的新问题、如何解决这些新问题等，然后重新编排小说的故事。

在韩国，我们可以对这种教学方式稍作改变，比如，要求孩子阅读几篇日本占领时期的短篇小说，然后进行上面介绍的那种教学。我们也可以把这种国语或文学方面的教学，和研究当时社会现象的历史教学联系起来，通过研究人物的问题和所处的逆境，了解到当时韩国的社会、经济、政治、文化的情况，这也是一种统合型合作教学，可以培养孩子的综合思考能力。

我在美国观摩国语（我们的英语）教学的时候，发现美国的孩子学习国语的方式与韩国大不一样，美国的国语教育聚焦在对文学的有深度的理解，比如，美国的孩子不像韩国那样，需要背诵某首诗，或者有关某个短篇小说的一些东西。韩国的教育注重背诵，而美国的教育则重视让孩子对某一主题进行有深度的学习。透过美国的国语教学，就能发现两国教育上的差异。

我不能理解，韩国为什么热衷于背诵那些琐碎的，而且缺乏联系性的短篇知识，到底背诵这些浅薄的知识做什么用呢？再说，这种学习也不能培养孩子的思考能力。但是，韩国的孩子不得不背诵这些知识，因为重要的考试考查的偏偏就是这种浅薄的知识。每当想到韩国这样的教育现实，我的心情就会变得异常沉重。

韩国的教育专家跟不上 21 世纪的时代要求，他们不懂“考试”，也不清楚应该考查孩子些什么。韩国的孩子比美国的孩子对考试成绩更加敏感，也就是说，考试左右着韩国的教育现实，左右着孩子的学习。考试在韩国的教育中占有如此重要的地位，但是韩国的教育专家也不怎么研究“考试的内容”，这也是韩国的教育问题之一。

例 2 这是小朋友们的科学课堂，教学目的是培养孩子的解决问题的能力。孩子需要学习各种动物的名称，并了解它们的生态环境。我们不应该让孩子死记硬背动物的名称，应该让孩子通过系统的思考过程，自然而然地记住所学到的知识，让他们自己逐步了解自然。

（1）要求孩子利用动物的图片或者玩具，在房间的角落里建设一个动物园。

我们首先询问孩子，动物园里打算放些什么动物，这些动物都需要什么样的生存环境，比如，如果孩子想把河马放进去，就要问孩子河马需要什么样的生存环境（水）。我们应该首先帮助孩子正确认识到这个课题的性质。

（2）动物园的面积小，动物多，所以要求孩子考虑如何放置这些动物，思考各种解决此问题的方法。

（3）要求孩子把各种方案画出来，进行比较和综合思考，然后选出最佳方案。

（4）要求孩子对这个最佳方案进行说明，然后写出为了维持好这个动物园，各种动物还需要些什么。

稍大一些的孩子，也适合这种教学方式。我们经常能看到孩子在生物课堂里努力背诵什么“鱼类、两栖类、鸟类、哺乳类”等等，但是孩子没有必要这么死记硬背，可以利用上面的学习方式。即，建设一个假想的动物园，孩子根据各种动物的特点，适当地安置这些动物。孩子通过这样的过程，就能够更加有效地掌握这些知识。

例 3 数学的拼图游戏也经常需要这种解决问题的能力。比如，给孩子一张长 25 厘米、宽 20 厘米的直角四边形的白纸，然后要求孩子用各种形状的塑料模型填满空间。如果孩子小，我们可以从制作小四边形开始，然后根据孩子的智力发展情况，逐渐扩大四边形。

这个时候，重要的是父母不能让孩子自己做，父母应该和孩子一起制作直角四边形。

例 4 举一个针对小孩子的教学。找几个孩子周围的生活用品，让他们想一想，并画出如何改造（即，可以拿掉，或者添加物品的某个部分）这些物品，才能提高它们的方便性。比如，如何才能把椅子改造得更加舒适；改造孩子的汽车玩具或者娃娃玩具；把妈妈做出来的菜肴变成自己更喜欢的菜肴等等，我们在日常生活中可以找到很多这样的例子。最后，要求孩子看着自己的画，向妈妈说明自己的改造。孩子需要按照下面的步骤进行说明：

（1）首先要求孩子说明自己不喜欢什么，什么让他觉得不舒服。这个阶段是孩子准确把握问题的阶段（为了培养孩子的解决问题的能力，准确把握问题所在是最重要的）。

（2）要求孩子说明，为了解决（1）中的问题，都作了哪些尝试。这个阶段是培养孩子的逻辑思维能力和创新能力的阶段。

（3）要求孩子说明，在解决问题的过程中，为什么选择了这个方法。这个阶段是为了鼓励孩子追求创新。

（4）最后，要求孩子看着自己的画，说明自己的改造。这个阶段是培养孩子的表达能力。

孩子按照上面的几个阶段说明自己的改造，如果父母不满意哪一个阶段的说明，可以做一些有针对性的提问，引导孩子的做出正确答案。这种课堂的教学目的在于，同时培养孩子的创新能力、解决问题的能力、逻辑思维能力和追求创新的欲望等。

例 5 这是针对小学生的教学。城市里的工厂导致了水源和大气的污染，这种污染不仅危害人类，而且也威胁着其他的生物。是否存在既能保存工厂又能解决好污染问题的方法？让我们发挥我们的创新能力，想出一石二鸟的好方法吧。这个教学需要按照如下的步骤进行：

（1）为了解决问题，首先要了解问题的本质，所以让孩子具体而详细地调查工厂对环境的影响，并列出找出的问题。

（2）列出可能的解决问题的方法。为了解决问题，使用叫做“SCAMPER”的学习方法。“SCAMPER”指的是替代（Substitute）、结合（Combine）、改造（Adapt）、修改（Modify）/扩大（Magnify）/缩小（Minif、用于其他的目的（Puttootheruses）、删除（Eliminate）、重新安排（Reverse/Rearrange）的学习方法。美国和加拿大的优秀教师不仅为了培养孩子的解决问题的能力，而且为了培养创新能力，经常使用这种方法。具体内容如下：

◆ **替代（Substitute）**：尝试替换状况的某部分，因为这种尝试往往能产生好主意。

◆ **结合（Combine）**：结合其他的主意或状况进行思考。

◆ **改造（Adapt）**：为了达到目的，或者解决问题，尝试改变状况。

◆ **修改（Modify）**：思考一下，通过添加和删除某部分或状况，是否能解决问题。

◆ **用于其他的目的（Puttoanotheruses）**：思考一下，已知状况是否能用于其他的目的。

◆ **删除（Eliminate）**：考虑删除的部分。

◆ **重新安排（Reverse/Rearrange）**：进行逆向思考。

通过“SCAMPER”的学习方法，列出所有有助于解决问题的主意或可选择的办法，比如，关掉工厂；找出其他的生产方法；加重制裁；开发减少公害的技术；迁移工厂等。

(3）分析上面各种方法的效率和可行性。这个时候，需要预测实践各种方法之后所产生的如下几个方面的因素：

- ◆ 考虑费用在内的效率性。
- ◆ 所需的时间。
- ◆ 对工厂员工的影响。
- ◆ 长期效果。
- ◆ 便利性。

(4）以上面的分析和预测为基础，在预案中选择解决问题的最佳方案。

这种教学，针对某种问题，引导孩子进行有深度的学习，而且也有助于培养孩子追求创新的态度。这是一种让孩子自己收集资料，通过 SCAMPER 找出富有创意的解决方法的教学。

我们从以上的各种例子中可以看出，美国和加拿大的优秀教师不太热衷于给孩子注入某种特定的知识，而是利用我们周围发生的事件和问题，努力培养和增进孩子的创新能力、思考能力、解决问题的能力。孩子进行这种课题学习的过程中，通过寻找和分析各种资料，也会学到有关课题或问题的很多知识。

14

有用的点子胜过新点子！

我们都知道，创新思维指的是想出新点子。新点子固然重要，但是这个新点子同时也要具备实用性。培养创新思考能力的一般过程如下：

◎ 创新思维的步骤

a. 发现问题。

b. 准确分析出需要解决的问题。

c. 多角度思考解决问题的方法。

d. 选出最佳方法，将这一方法具体化。

e. 与其他人有效地沟通交流，共享解决问题的方法。

美国和加拿大的教师为了培养孩子的创新能力，注重如下几个方面的因素：

◎ 为了培养孩子的创新能力，需要父母来完成的工作

◆ 学习环境必须具有极强的吸引力。父母不应该强迫孩子，应该引导孩子成为教学的主体，进行自主学习。教师或父母应该扮演提供课题的说明、回答孩子的提问、监督和检查学习过程的引导角色。

◆ 为了培养孩子的创新能力，首先应该敞开孩子思路，也就是说，父母和教师首先应该从单一的思维模式中脱离出来，比如应该避免“这是解决这个问题的唯一正确的方法”等思维模式。父母和教师有必要先让孩子明白，某种事物和现象并不是只存在一种正确答案。

◆ 解决问题的过程中，如果出现了某种障碍或思路上的闭塞，应该首先让孩子分析并把握问题的本质。

◆ 质疑的态度也是必需的，应该认识到所有的知识都不是完整的，这种认识也是创新思维的出发点。

◆ 即使孩子的努力换来的成果不如人意，出现了失误，父母和教师也不应该忘记表扬和鼓励孩子。

例 为了在生活中更加方便地使用电话（有线电话和手机），为了提升电话给人类带来的益处，我们应该如何发展电话，让孩子拿出富有创意的主意。

a. 首先让孩子考虑，应该改变哪些现存的功能，然后叙述需要解决的具体的问题。

b. 画出现在的电话，说明为了添加这种功能，应该改造哪些部分，如何改造。

c. 考虑改变的方法，并列出这些方法。

d. 选出最佳方法，并把这种方法具体化。

e. 画出变化后的电话，与现在的电话相比较，然后进行说明，或者写出哪些部分有了什么样的变化，改变后的电话有些什么好处。这个时候，要求孩子给这种新电话起名，并制作 3 张广告幻灯片。

教师或父母介绍电话历史（贝尔 Alexander Graham Bell 发明了电话之后，电话都经过了什么样的发展过程）的时候，也可以进行这样的教学。电话机的变化过程可以在教学的导入部分介绍，也可以安排在教学最后的课堂总结。

15

利用童话书的人格·道德教育

瞬息万变的未来世界里，为了孩子的成功生活，重视培养孩子的各种思考能力等认知领域的发展是非常重要的，但是培养值得称颂的人格和道德也同等重要。

美国和加拿大人认为，优秀的人格和道德也是一个人必须具备的品质，即“生活所必需的基本技能（basic life skill）”，所以与韩国的学校教育相比，他们进行更多情绪方面的教育和人格·道德教育。纵观韩国过去几十年的教育和如今的教育，父母和孩子的思想中仍然充溢着“学习好就行”的观念。不为其他，就是为了孩子的将来，父母也应该反思一下这种观念。

美国和加拿大的教育和文化都在强调，人们应该跳出家庭的圈子，与周围的其他人和睦相处。相扶相助的生活已经成为美国和加拿大人的一种文化。

美国和加拿大的学校和家庭，从小就非常强调这种“助人（caring）”的精神，以此为主题的童话书多得数都数不过来。他们给孩子阅读这些童话书，与孩子进行交流，自然就能达到人格教育的目的，这种方式的人格·道德教育的历史与美国的历史一样悠久。

从小接受这种教育的美国人不能容纳只考虑自身利益的利己主义者，而且讨厌这样的人。

如果接受了别人的帮助，无论是什么样的帮助，不分大小，说一句“谢谢（Thank you）”是理所当然的事情，人们也希望从别人那里听到这样的话。无论到美国的哪一家超市，你一定能发现出售答谢卡（thank you card）的柜台，这就说明答谢卡在日常生活中的需求量很大。

美国的孩子从小在学校和家庭接受了很多家庭成员之间、单位同事之间、朋友之间应该遵守的礼仪教育。如果某一个韩国人违背了他们的这种礼貌标准，就算他的认知能力和专业能力再出众，他们也会讨厌这个人，也会受到他们的排挤，最终失去工作，成为他们经常说的“没人喜欢的人（Nobody like him）”。

那么，美国的学校教育中，一般使用最多的人格·道德教育方法是什么呢？

方法1：利用带有很多图片的童话书

使用最多的就是利用童话书的方法。美国和加拿大的幼儿园和小学低年级的课程表中，每天都会安排读童话书的时间。教师通过给孩子阅读童话，试图提高孩子的理解能力、阅读能力和写作能力。

他们主要使用色彩斑斓的、带有很多图片的童话书，因为这个时期的孩子视觉敏感，而这种童话书能够起到集中孩子视线的作用。教师让孩子阅读童话书的过程中，也会提出各种问题，比如，“泰丽如何帮助了妈妈呀？”“泰丽做错了什么了呀？”等等，进行人格和道德教育；还会提问孩子，如果换作是你，你会怎么做。教师在这个过程中，会让孩子们明白什么才是正确的想法和行为，这也是这种教学的教学目的。

方法2：提出很多培养孩子综合思考能力的问题

针对英才的教学会更进一步，孩子记住故事，并不足以回答教师提出的问题，因为教师会提出一些能够同时培养思考能力、想象力和创新能力的问题。

例如，教师提问“为什么泰丽会想到帮助妈妈呢？谁能回答这个问题，并能陈述自己的理由和根据呢？”“如果泰丽处于不同的环境，会有什么样的行动呢”等问题。他们也会让孩子思考什么样的人格·道德才是我们值得称道的。

16

利用伟人传记的人格·道德教育

我们利用那些历史上的伟人传记也能进行各种人格和道德教育。

方法1：鼓励孩子多角度理解传记的内容

美国的历史中，林肯是美国人民尊敬和爱戴的人物。教师给孩子阅读，或者让他们自己阅读林肯传记，然后提出各种问题。教师和孩子一起讨论林肯的具有代表性的业绩，以及他的业绩给美国的社会带来的变化和发展。

教师可以向孩子提出“谁能说一下，林肯与其他人有什么不同？”“我们为什么喜欢林肯呢？你想学习林肯的什么呢？”等问题，引导课堂自然向人格教育的方向发展。教师经常使用的方法之一，就是让孩子完成下面的图表。

图 2 利用伟人传记的人格教育

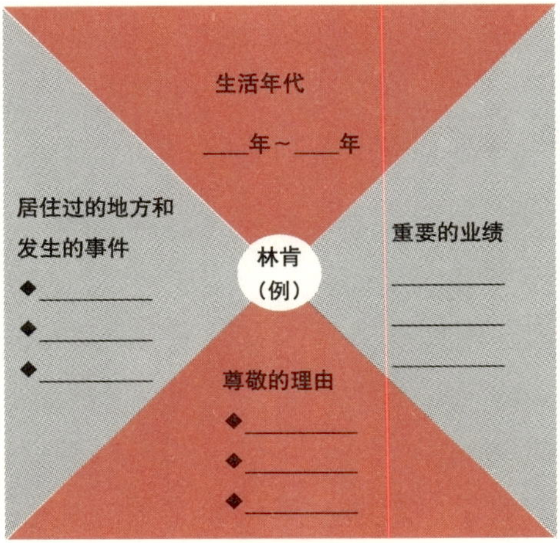

方法 2：稍大一些的孩子，同时涉及 K、S、V

“方法 1”是针对小孩子使用的方法。稍大一些的孩子，就要等他们读完传记之后，要求他们亲自制作一个伟人的简单传记（biography）。需要经过如下几个步骤来完成学习任务。

◆ 封面：写上伟人的真名，并使用能够代表这个伟人的单词或者句子作为副标题，然后画一副简单的伟人图片，或者表现当时时代背景的图片。目录：从伟人的一生中，挑选出 4 ～ 5 个重要事件，每一个事件成为一个章节。

◆ 展开：按照章节的顺序，展开简单的故事，并画出图片。根据孩子的水平，要求每章展开 3 ～ 5 篇故事。这个时候，一定要让孩子叙述伟人什么样的人格和道德，成就了他的伟绩，受到了人们的尊重和爱戴。

◆ 后记：写出制作传记的感想。

这种方式的教学不仅能够同时教给孩子K、S、V，而且也能让孩子带着兴趣参与到教学中来。美国和加拿大的教师多在历史教学中使用这种名人传记，他们选择几个历史时代的代表人物，让孩子进行自主学习和研究。孩子通过这样的学习，就能够了解各个历史时代。

这种教学的另外一个好处是，能够培养孩子的综合思考能力和创新能力，进行道德教育（K，S，V），所以也是优秀教师极力提倡的教学方式。

未来世界里，越是成功的人士，越会担当领军人物，他们就越需要和更多的外国人交流，也需要遵守国际社会的礼节标准。我希望通过这样的教育，我们的孩子都能成长为有责任心的、懂得基本礼节的、懂得尊重和关怀别人的、具有助人精神的人。

17

“民主社会重视的价值”教育

主张自己的权利，积极交税并不能保证一个民主社会的良好发展。民主社会的良好发展，还要依赖于社会成员之间相互遵守社会的道德规范，遵纪守法，这也是社会所要求的品德。所以美国和加拿大主要以“民主社会的成员所必须具有的一般的价值观和道德”为中心，对孩子进行价值观教育。尤其是在幼儿园和小学，更是重视这种价值观的教育。

美国和加拿大的道德教育，不仅让孩子亲身体验各种他们必须具有的美德，而且直接和孩子的日常生活联系起来进行教育，这也是与韩国的道德教育不一样的地方。还有就是，从大人的标准出发，如果孩子做了坏事，他们就会立刻进行惩罚，让孩子认识到自己的错误。

他们会让孩子思考自己的坏行为和错误，会给其他人造成什么样的影响，并且极力强调必须拥有一颗关怀他人之心。

例如，幼儿园的老师教育孩子“正直的重要性”。他问孩子：“如果不正直，就有可能会得到更好的东西，但是‘正直’往往能战胜‘欲望’。如果有谁曾经有过这种正直的瞬间，能不能给小朋友们讲一讲呀？”这位老师再让几个小朋友讲述自身的经历，然后对其作一些评价。

在美国的幼儿园和小学低年级的教室里，经常能看到这种教学。很多小学的校园里也经常能看到宣扬守约、尊重、坚守朋友间的信义、帮助有困难的人等美德的大型条幅。教师通过孩子的学校生活，每天都要进行道德教育。他们进行各种道德教育的时候，都会采用类似于前面“正直”教学的教学方式，向孩子提出问题。

我过去在韩国居住的时候，碰到了这样的一件事情，我坐火车去往某地，一个十岁左右的小男孩在车厢里跑来跑去，一位老人实在是忍无可忍了，就斥责了小孩几句，孩子的妈妈就满脸不高兴，责备老人为什么要骂自己的孩子。我看到这位母亲在本应给乘客道歉的情况之下，反过来还要讲理，真是哭笑不得。这位母亲连最基本的道理都不懂，根本就不知道什么是对错，什么道德观对孩子的未来有益。

与此相反，让我再举一个美国的例子，我去医院定期检查身体，在医院的大厅里发生了这样的事情，当时因为时间还早，大厅里没有几个人，一个看起来刚过满月的孩子冲着爸爸喊了起来，制造了一点小骚乱（只不过是孩子的呀呀儿语），这位父亲马上向其他人说了一声对不起，抱起孩子出去了。不管是美国人还是韩国人都会觉得孩子可爱，但是这位父亲还是一边道歉一边抱着孩子出去了，可见这位父亲非常在意周围的人，不愿意给他们造成不便。

不能给别人造成伤害，这是孩子应该具备的基本道德。除此之外，父母还有义务及时指出孩子的错误，让孩子认识到自己的错误，而且要从小教育孩子区分是非。这些是为了孩子的未来，父母一定要完成的工作。

无论是父母还是教师，责骂孩子的时候不能掺杂自己的感情，一定要做到以事论事，而且有必要让孩子明白这是为了他好。

在韩国，过去有多少教师掺杂自己的情感，扇了学生的耳光，进行了各种体罚，而且还翻出所有的旧账，给孩子幼小的心灵留下了创伤，我们大人很轻易地就能回想起这种不快的经历。在美国的学校，这些是不敢想象的事情，美国的很多州，甚至禁止父母对孩子进行体罚。孩子犯了错误的时候，美国的父母一般让孩子回答错在哪里，或者告诉他们错在哪里，然后短暂隔离他们，给他们提供反思的空间和时间。

18

没有人情和尊重就没有创新

为了培养孩子的社会能力和道德，与“民主社会的成员所必需具备的道德”教育同等重要的是，教育孩子尊重“观点的多样性”和“人生的多样性”。尤其是培养英才教师的时候，教授们反复强调，如果不承认、不尊重多样性，就无法培养孩子的创新能力。我们有必要认真观察孩子的多样性和每个孩子的特性，启发和发展他们的特性。

尊重孩子的多样性，尊重社会成员的多样性，也就是意味着大人应该尊重孩子的意见。孩子再小，我们也应该尊重他的独立人格。如果妈妈忽视孩子，不注意聆听他的意见，孩子也不会听妈妈的话。

让我举一个例子吧。有一位母亲有两个孩子，老大什么都能做得很好，但是老二却没有什么擅长的东西，经常偷懒，也不听妈妈的话。于是，有一天，这位母亲在电话中向朋友诉苦，说老二让她非常伤心，又说因为老二什么都不会，所以也缺乏自信，妈妈的这些话碰巧被老二听了去了。

孩子为什么会没有自信呢？

我看妈妈的责任多一些，孩子的缺点越多，妈妈越应该注意避免伤害孩子的自尊，帮助孩子树立自信。老二是老二，并不是老大的比较对象，妈妈伤心向朋友诉苦，也是可以理解的，但是妈妈要知道，自己这样的举动有可能会给孩子留下很难愈合的伤痕。

妈妈也要知道，有些孩子小时候没有什么出众的地方，毫不起眼，但是只要父母不断地鼓励孩子，耐心引导孩子的话，孩子就能改头换面，成为优秀的孩子。

有关这一点，让我们想一想我们大多数韩国人的通病——“一流病”。孩子小的时候，只要学习好，其他方面，比如人格，或者兄弟关系上就算有些问题，父母也会倾向于忽视孩子的这些缺点。

其实，我们这一代人接受的正是“学习，学习，再学习，睡了醒了还是学习，学习是唯一”式的教育。数十年后的今天，我们再来看一看韩国的社会，我们不谈其他的问题，只是观察一下家庭关系，虽然不能说所有的家庭都有问题，但是多少家庭经历了人格的没落和家族的没落。家本来就是一个情感先于物质和利害关系的集团，但是韩国太多的家庭情感已经枯竭了。

虽然以心理学家和社会学家的视角，或许有些不同的观点，但是在我看来，韩国许多社会问题的主犯应该就是“学习，学习，再学习，睡了醒了还是学习，学习是唯一”这种教育方式。这种教育方式促成了只要这个人学习好，什么利己主义、不懂关怀等都能被原谅的社会氛围，这个人就是在这样的环境中生活，一直到大学毕业，这是每个人成长的黄金20年啊！所以长大成人之后，同样的价值观支配着他。

只是强调学习和名牌大学的教育，还有另外一个弊端，就是助长利己主义。不顾别人死活，只要自己过得好就行，也就是说，不尊重他人，更没有关怀别人的心。如果引领社会的领军人物身上表现出这样的利己主义，这个社会就会受到致命的打击。

如今，韩国高层领导人物的表现，正好给我们提供了典型的例子。

领导的首要条件就是道德和关怀。美国和加拿大从小就对孩子进行这方面的洗脑式的教育，因为他们认为，如果领导人缺乏道德和没有一颗关怀他人，关怀国民之心，这个国家也就没有前途。为了我们韩国的未来，希望我们也能像美国和加拿大那样，从小对孩子进行这种教育，让孩子用心来领悟和体验“尊重他人”和“关怀他人”的真谛。

我们要尊重多样性，重视“多文化教育”，因为这个时代需要这样的教育。美国和加拿大的“多文化教育”，已经有大约30年的历史了。

有一次，韩国的一位教育家提出，“韩国也应该全面开始多文化教育的研究，学校也要强调多文化的教育，”但是反应非常冷淡，这让我非常吃惊。他们说，“我们国家也不是美国那样的人种博物馆，为什么需要多文化教育呢？”韩国教育界的这种反应着实给了我当头一棒，我心里喊道，“所谓的这些教育专家，到底什么时候才能正视时代的变化，停止这种肤浅的纸上谈兵啊！”

美国和加拿大的多文化教育不仅强调“尊重他人的文化”，而且通过对各种文化的有深度的理解，同时进行尊重、社会和谐、培育领导能力、道德、生活所需的技能等方面的教育。他们的终极教育目标就是取得社会的和谐发展。

韩国却说，学校不需要这样的教育！理应由学校和教育家们完成的工作，现在是由政府通过TV，进行着启蒙性的多文化教育，其效果当然是微乎其微的。

肤色稍黑，孩子就不愿意和他交朋友；与自己有些不一样，孩子们就会一起孤立他。这样的孩子长大成人之后，韩国到底凭借什么取得社会的和谐发展呢，真是令人担心。

我就给大家举几个美国和加拿大的体验型多文化教育的例子吧。根据这些国家教师的研究，虽然幼儿时期也能认识到一些身体上的区别，但是到了小学1～2年级，孩子才会真正深刻认识到这些区别，表现出取笑朋友等行为，所以他们就在这个时期，集中进行大量的多文化教育。

例 1 准备彩纸。把同等数量的各色纸张，比如，白色、黑色、黄色彩纸，装进小箱子里，然后教师拿着箱子，什么话也不说在教室里走一圈，每个孩子得到一张彩纸。

然后教室里，只留下拿到白色彩纸的孩子，给他们糖和巧克力，还给他们读 5 分钟有趣的故事，而让其他的孩子都到走廊跪着，因为需要孩子不明其理地跪上 5 ～ 10 分钟，所以一定要订出规则，违反规则就要受到惩罚。5 分钟之后，教师又把那些拿到黄色彩纸的孩子叫进来，接着再读 5 分钟的故事，最后才把那些拿到黑色彩纸的孩子也叫进来，但是不让他们坐在椅子上，让他们坐在地上，教师接着读故事。教学进行到这里，教室里可能已经是怨声载道了。

这个时候，教师让每个孩子谈一谈自己的感受：

"你们对老师的这种行为有什么想法吗？我是否做到了公平公正呀？"

孩子的回答当然是否定的了，"没有！"

"那么，老师是根据什么对大家分别对待了呢？"

"是否按照你们自己的意愿选择的彩纸呀？是不是老师分发给大家呀？"

"人也像你们手中的彩纸一样，我们出生的时候，是选择不了自己的肤色或者父母，所以我们是否应该根据这些与生俱来的表面特征区别对待呢？"

教师和孩子进行如上的问答之后，教师还可以和孩子一起，以"区别"为主题，进行更有深度的讨论，或者给孩子阅读相关主题的童话书。

如果韩国的父母也想进行这样的教育，就以四天为一个周期，每天给孩子一张不同颜色的彩纸，然后按颜色给予不同的待遇，最后问孩子在这四天当中的感受。

例 2 按照班级的人数准备不同种类、形状、颜色、状态的苹果，每人发给一个苹果。教师要求孩子在笔记本上用 2 ～ 3 个句子描述一下自己的苹果，并发表自己的文章。孩子可以说出苹果之间的区别。

然后，教师再把孩子的苹果切成两半，不是按照我们平时竖切的习惯，而是横着切一半。我们可以观察到苹果籽都是按照星星（star）的样子分布在苹果的中心，要求孩子仔细观察这样的“共同点”。

这种教学的关键在于，让孩子通过观察苹果的这种“共同点”，认识到人也像苹果一样，虽然外部形态各异，但是内部都是一样的，并强调我们不能以外部的特征来分别对待，或者取笑他人。

21 世纪，全世界生活方式的变化速度会越来越快，我们绝对不能预测或断言十年、二十年之后的事情，现在认为“对孩子的将来有好处的东西”，将来就未必是了，换句话说，有些东西要比名牌大学学历更重要。

这种“更重要的东西”不会受时间的影响，肯定是一种永恒的东西，那就是拥有创新能力、高端的思考能力、解决问题的能力、诚实守信，还有就是具备民主社会的值得称赞的道德和社会性。拥有这些品格的人，无论生活在哪里，无论这个世界的变化有多快，都能享受成功的人生。

19

沟通和交流的技能帮助孩子成为世界的领军人物

沟通和交流的技能，传达和聆听的技能同等重要。美国和加拿大从小就开始教给孩子传达和聆听的各种技能，以及在沟通和交流中需要注意的地方。下面就是这些教师经常强调的内容。

◎ 对话中需要注意的地方

◆简单、明了、富有逻辑地表达自己的主张。

◆首先要根据说话的对象，制定自己的陈述重点。也就是说，首先要知道说话的对象是大人，还是自己的朋友，然后再根据对象的情况，整理出自己陈述的重点。

◆陈述要具有说服力。

◆词汇要正确，句子要简洁。

◆要表现出对自身主张的坚定信念。

◆不要仅凭一张嘴，要使用辅助手段，比如，利用图表、图片、地图、数据等。

这些辅助手段可以大幅增加说服力。

◆要始终保持肯定对方主张的态度，如果想批判，就要做到先肯定后批判。

◆要聆听对方的话。

◆对话中不能失去自信。

◆彼此的观点相左时，要表现出积极妥协的态度。

他们尤其重视从小培养孩子聆听别人意见的态度。经常使用如下的方法：

◎ 聆听的态度

◆ “眼睛”要对视（EYES are watching）。

◆ “耳朵”要聆听（EARS are listening）。

◆ “嘴”要闭着（LIPS are closed）。

◆ “手”要保持静态（HANDS are still）。

◆ “脚”要保持静态（FEET are quiet）。

其实，我们大人当中，也有很多人只是急于表达自己的想法和主张，不懂得聆听他人的话。美国和加拿大的教师，就算是在教学中，也会不断地更正孩子的这种态度。

尤其是在小学，如果有谁不注意听其他人的发言，教师就会提问这个孩子，“老师给你们讲过，我们要以什么样的态度听别人说话呀？”这个孩子就会不好意思地在老师和小朋友的面前重复上面的五种态度。

这样的情景让我发笑，但是我不觉间又想起了韩国，韩国到底进行了多少这方面的教育呢？

聆听意味着尊重。孩子长大成人之后，这种态度是争论中必须要保持的态度。韩国的社会中有很多只顾着自己说话的人、喜欢抢话的人；还有一些人在别人说话的时候，满脸的不以为然，或者满脸的轻蔑神态；这都是因为过去的韩国人在学校全然没有接受过这方面的教育。如今，韩国还在持续着这种存在严重缺陷的教育！

我希望，韩国的父母能够观察那些先进国家的孩子接受着什么样的教育，反过来深刻思考我们韩国的教育。孩子长大成人之后，他们的社会生活所必需的东西，不仅仅是某个领域的出色能力，沟通和交流的技巧，也是必备的能力之一。

问题是这样的技巧，不可能短期内获得，还有就是孩子小时候养成的一些坏习惯，长大之后也很难改掉。

知识的渊博并不意味着出色的表达能力，因为传达还需要另外一种技能，所以我们有必要从小训练孩子，让他们善于使用文字和话语，把自己懂得的知识和想法传达给他人。

那么，让我们了解一下，美国和加拿大的教师是如何培养孩子的沟通和交流能力的。如果教学的对象是幼儿园或者小学低年级的孩子，教学的重点并不是让孩子表达自己的主张或者意见，而是给他们安排课题，让他们研究课题，并有效地发表课题的研究结果。

如果教学的对象是高年级学生，就要求他们发表课题结果的时候，也把自己的主张和意见一起发表。让我们首先看一下针对小孩子的教学。

例 1 要求孩子研究世界各个国家过年的方式，或者新年的第一天是怎么度过的，并向朋友们发表自己的研究结果。这种教学适合于小学低年级的孩子，教学的重点应该放在发表自己找到的信息资料，而不是发表自己的主张或者观点。

（1）首先问孩子想了解哪些国家的过年习俗。因为孩子自己选择自己感兴趣的学习内容，有助于激发他们的好奇心，赋予孩子学习的动机。

（2）如果选择的是美国、中国、法国，先问孩子选择这些国家的理由，并询问对这些国家都了解些什么。这个阶段是在检测孩子的已知知识，也是提高学习效率所必需的阶段。

很多美国和加拿大的教师也会直接进入教学，不经过了解已知知识的阶段，但是优秀教师的教学，肯定会包含这个阶段，因为只有了解了孩子已经掌握的知识，教师才会清楚应该教些什么。为了达到这样的目的，他们一般使用叫做"KWL表格"。

KWL 表格（KWL Chart）

K (what they already know)	W (what they want to know)	L (what they learned)

"K"指的是孩子"已经知道些什么（know）"，"W"指的是孩子"想知道什么（want）"，"L"指的是孩子"学到了什么（learned）"。K 是教学之前的阶段，W 是教学的开始阶段，L 是教学的结束阶段。

（3）教师给孩子提供必要的资料。教师首先给孩子提供适合孩子阅读的有关这三个国家的必要资料（网络资料）或童话书，然后让他们从这些资料中找出自己需要的信息。这个时候，教师或父母必须先熟悉这些资料，如果存在超过孩子水平的词汇或者句子，就应该先给孩子解决这些难点。

(4) 教师结合着这些国家的图片告诉孩子，阅读资料的时候应该了解什么，需要回答什么样的问题，给他们提供课题向导（guideline）。例如：三个国家的人都穿些什么样的衣服，吃什么，尤其是过年有什么特殊的地方等。

美国和加拿大的优秀教师给孩子布置课题的时候，肯定会同时提供这种guideline。

尤其是英才，如果教师不给他们提供课题向导，他们自己就会问老师，“老师对课题的要求不明确，老师想得到什么样的课题结果呢？”这种向导会直接连接到教学的目标，这个目标也就是教师或父母希望孩子做到的各种要求。为了完成好课题，有必要明确孩子应该做什么、如何做，也就是提供guideline。

这时还需要注意的一点就是，由于孩子太小，智力发育并未完善，所以尽量做一些“简单明了”的提问，来保持孩子的兴趣，也可以让他们把答案写出来，或者画出来。然后，教师再检查孩子的答案。

(5) 要求孩子把自己的答案表述出来。这个时候，需要检查和指导的内容如下：

◆ 是否简略地说明了这个课题的关键：三个国家的共同点和不同点。

◆ 词汇和句子是否正确、简洁？写文章时，是否使用了完整的句子？表达是否清晰？

◆ 发表时，使用辅助手段的情况如何？

在有关正确使用词汇和句子的问题上，我还想和韩国的父母说，去年访问韩国的时候，我经过某小学，恰巧赶上了放学，偶然听到了一伙孩子之间的对话。他们的对话真是让我感到伤心沮丧，不仅对话中的脏话让我感到震惊，而且更让我震惊的是孩子对这个世界的态度，消极否定的因素要远远多于积极肯定的因素。

我后来通过韩国的同学才了解到，孩子说话带很多脏话的理由之一，竟然是如果不这样，他的朋友就会集体孤立他。这真是让我不知道该说什么好了，真是近墨者黑，正常人和傻瓜生活久了，真就变成傻瓜了。

不要说什么基本的礼节教育，连最基本的是非都不会辨别的孩子越来越多了，这令我着实担心韩国的未来。有些人认为，这是孩子过多地接受西方文明、文化所带来的结果，但是这种观点是对西方文化缺乏深刻了解所导致的误解。

世界上，无论是哪一个国家，都是由形形色色的人组成的集合体。他们根据不同的社会阶层和家族背景，拥有着不同的文化。韩国孩子看到的美国生活文化，大都是通过媒体了解到的，所以这并不是美国人的真实生活写照，其中包含着很多电影和电视剧中的虚构和夸张。

美国和加拿大中产阶级以上，但凡接受过一定教育的人，都会从小教育自己的孩子，使用“正确的语言”，进行“正确的思考”，教育他们自身的行为不能给别人带来伤害。

所以，孩子一旦脱离了这种正道，他们就会斥责孩子，明确地指出错在哪里。韩国接受外国文化影响的话，希望能够接受那些高品格的文化。

例 2 这回让我们看一看，针对稍大一些的孩子，如何进行沟通和交流技巧的教学。这是一堂统合型教学，教学的内容是针对那些存在遗传问题的人，对他们进行“遗传评估”。布置给孩子的课题如下，

“某家医院的医生为了进行某种遗传学的研究，招募了自愿接受遗传评估的

人，大学生马克（Mark）在一个偶然的机会里成为了一名自愿者。马克平时做梦也没有想过自己会存在遗传方面的问题，但是却得到了一个令他震惊的遗传评估结果。根据遗传评估，如果他结婚生子，由于他的某种遗传特征，孩子会患上一种遗传性疾病，而且医生强力要求马克通知他的兄弟姐妹和父母，因为他们也会有相同的遗传特征。马克已经有未婚妻，马上就要结婚了。马克偶然得知自己患有这样的遗传性疾病会影响到他的结婚生子。马克的正确选择应该是什么呢？请写出三张稿纸左右的作文。

教师在这种教学中的作用，不是讲课，而是给学生提供课题和课题向导，检查和帮助孩子完成课题，评价课题的结果。这是教师为了提高英才的思考能力而经常使用的一种教学方式。

（1）首先给孩子提供如下的课题向导：

为了课题的解决，先回答下面的问题，然后做出最后的决定，再写出作文。

1 马克需要解决的问题是什么？

2 谁与这个问题有关？马克的决定会影响那些人？

3 根据马克的决定会存在什么样的（潜在）危险？马克为了这样的决定需要付出什么样的代价（精神上、身体上、物质上的代价）？

4 马克能做出什么样的选择？

5 你认为，马克应该如何解决这个问题？请解释你的答案。

（2）上面的 1 ～ 5 是列举了孩子们解决课题的步骤（课题向导的顺序，最好是与解决问题的步骤一致），孩子通过回答上面 1 ～ 5 的问题，可以整理出自己的想法。

(3) 为了完成好课题，孩子有必要从网络、百科全书（儿童用百科全书）、医学书籍等资源收集所需资料。

(4) 美国的很多教师在教学中经常使用一种叫做“决定金字塔 (Decision Mountain)”的方法。孩子为了自己的主张，需要决定马克如何做出最后的选择，这个时候，他们只要一层一层爬上“决策金字塔”的顶峰，就能得到最后的结论。下面是这种“决策金字塔”的结构。

图 3 决策金字塔（Decision Mountain）

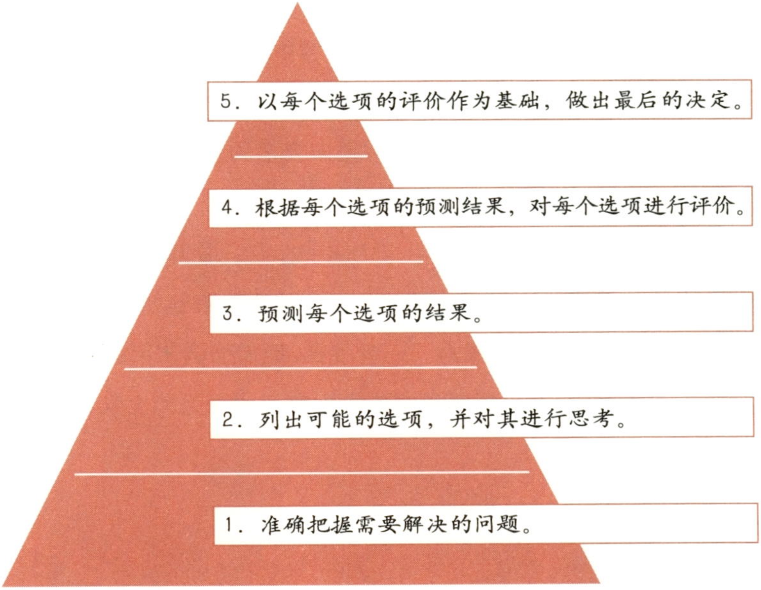

我们解决日常生活中出现的问题，也可以使用这种“决策金字塔”，这是一个非常有用的工具。比如说，如果你无法正确判断个人的问题，或者某种社会问

题，就可以使用这种方法，它可以帮助你明确问题所在，做出正确的选择。美国和加拿大的学校，从孩子很小的时候开始，就让孩子磨练和掌握这些方法。

他们的教育不会停留在学校的教育，而是会延伸至孩子的日常生活，保证让他们在将来的生活中能够顺利地使用这些方法。站在孩子的立场上看，他们也会对与自己有关的，能够在日常生活中使用的知识更感兴趣，表现出实践的欲望也是英才的特征之一。

(5) 让我们再回到“马克的选择”。孩子登上“决定金字塔”的顶端，做出最终的决定，然后需要写出有关这一决定的文章。写文章的时候，孩子可以按照前面介绍过的传达自身主张和意见的模式，也就是把自己的主张分成绪论、内容、结论进行写作。

绪论中，简单介绍主题和自己的观点；内容中列举主张的依据，并对其进行说明。孩子用语言把攀登“决定金字塔”的整个过程叙述出来，就能够说明为什么会有这样的主张；结论中，高度概括，并重申自己的主张。

美国的优秀教师也会训练孩子把课题的结果转化成表格和图表，让孩子借助这些辅助手段，表述（使用文字或话语）课题的结果。教师要求孩子，为了解决某课题，自己收集有关资料，然后分析、分类、综合收集到的资料，再把得到的结果转化成表格或图表来提高说服力。还有就是，他们强调使用这些辅助手段“发表（话语）”或“文章（文字）”，能够更有效地把自己的意见和主张传达给其他人，而且更具有说服力。

20

想成为领军人物必须培养说服力

美国和加拿大的整体教育趋向，与以前相比，如今的教育改革更加强调提高孩子的社会能力。他们强调得最多的就是"具有说服力的表述方法"和"团队精神"。英才是未来的领军人物，所以尤其强调领导能力，以及这种"具有说服力的表述方法"。他们的学校教育，从小就教给孩子有效的沟通和交流的方法，以及具有说服力的对话方法等。

那么，让我们先了解什么是"具有说服力的对话方法"，以及他们所采用的这种教育的方式方法。他们使用最多的一般模式如下：

◎ 把自身的观点有效地传达给他人的方法

a. 把自己的主张分成绪论、内容、结论。
b. 绪论中，"简单"陈述主张的要旨，或者观点。
c. 概括列举几个主张的依据。
d. 仔细说明这些依据。
e. 以这些依据为基础，写出结论。

图 4 具有说服力的表述方法（汉堡模式）

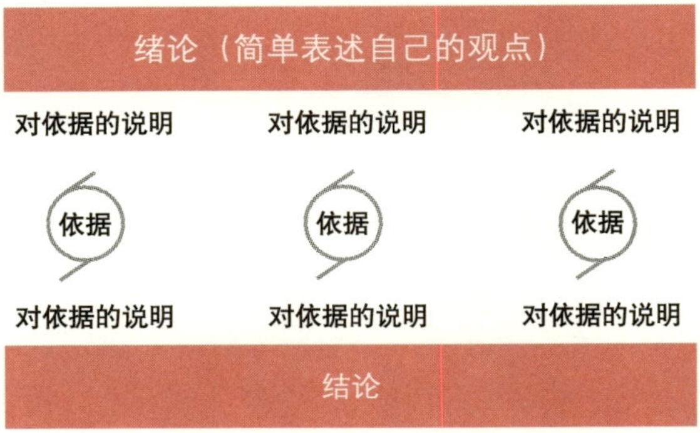

无论是什么样的主题，只要按照上面的模式，你的表述就会具有说服力。

21

美国和加拿大教师传授的英语教育秘诀

1. 幼儿的英语教育方法

方法1：自然地学习英语

孩子学习英文字母的时候，可以利用周围写有英文的东西，利用孩子喜欢的东西效果会更好。

比如，我们可以利用匹萨包装盒，教孩子字母“p、i、z、a”。妈妈先指着字母“p”给孩子读一下，然后指着其他的字母，问孩子，“这是什么字母呢？”，妈妈可以这样一边引导孩子的好奇心，一边教孩子字母。妈妈再把英文单词“pizza”读给孩子听，然后让孩子利用字母磁铁在冰箱门上摆出这个单词。我们应该首先让孩子用“眼睛熟悉”字母和单词，最后才让他们在纸上写。我们不能贪多，与其想一次完成上面的所有阶段，还不如努力维持孩子的好奇心，多给一些时间，分几次来完成，这样效果会更好。妈妈需要的是耐心，不应该强迫孩子，最好是想办法让孩子自己出于好奇，主动问妈妈。

从字母A到Z，以及大写和小写，我们是使用了反反复复地写英文字母的方法掌握了字母，如今想起来，这种方法真是太笨了。我们用这样笨拙的方法掌握了字母之后，才开始学习和背诵英文单词，而美国的孩子是同时学到字母和单词的。

美国的优秀教师，尤其是教育英才的教师不会强迫孩子背诵什么知识，也不会强迫他们做什么。孩子在自由的环境中，自然地对“某种东西”感到好奇，教师则利用他们的好奇心，反复有关“那个东西”的“提问回答”的过程。他们会不断地刺激孩子的好奇心，为他们创造出学习的自然氛围。

孩子通过这种一点一滴的学习，慢慢就会掌握字母，然后利用字母歌，轻而易举地就能熟悉字母的顺序。我们以前使用过的死记硬背的方法，不仅对孩子的思考能力没有好处，而且很容易就会让孩子失去兴趣。如果孩子对学习英文字母就已经感到厌倦，以后的英语学习就可想而知了。

例 1 这种利用孩子周围的东西或玩具学习英语的方法，也可以用在“数字”的教学中。

美国的教师在字母的教学中多使用如下的书籍：

- ◆ Denise Fleming，《Alphabet Under Construction》
- ◆ June Sobel & Mellisa Iwai，《B Is for Bulldozer：A Construction ABC》
- ◆ Giles Andreae & Guy Parker—Rees，《K is for Kissing a Cool Kangaroo》

我们也可以利用字母磁铁等工具，让孩子学会自己的名字，或者孩子喜欢的物品或食物名称。随着这种学习的积累，孩子也能领悟到字母在单词里的发音。

方法 2：如何指导孩子“从画（drawing）到写（writing）”

孩子画画、写字都是在表达自己的想法，我们很多时候分不清两者之间的区别。孩子更喜欢用画表现自己，假如孩子画出了家，或者有关某次旅行，我们就可以让孩子在画里写上自己的名字，或者写出像妈妈（mommy）、爸爸（daddy）这样简单的单词，逐渐教孩子“写”。

方法 3：如何有效地掌握单词？

在这里，我给读者介绍一种美国的孩子经常使用的掌握单词的方法。

我们假设孩子将要到火星旅行，要求孩子为这次旅行打包，这个包并不是我们旅行用的大箱子，而是孩子的背包大小的行囊。教师先说，“I am packing my backpack for a trip to Mars, and in it I put a(　　).”[我正在为这次火星旅行打包。我在包里放进了（　　）。]，然后在括号里列出一两个孩子很容易就能记住的单词，比如大猩猩（gorilla），自行车（bicycle）等。教师把包递给旁边的小朋友，让他先跟读上面的句子，然后让孩子自己再选择一个东西（an elephant）填入句子中，并读出句子，“I am packing my backpack for a trip to Mars, and in it I put a gorilla, a bicycle, and (an elephant).”如果只有妈妈和孩子两个人进行这样的教学，可以两个人轮流添加单词。

这个时候，如果孩子发挥了自己的创新能力，放进了一个大人意想不到的东西，可以问一问孩子的想法，“哇！你还带这个东西呀？能不能告诉妈妈，你打算在火星上怎么用这个东西呀？”

我们可以通过经常提问孩子这样的问题，从小培养和提高孩子的沟通和交流的技巧，因为孩子为了回答妈妈的问题，需要整理自己的想法，再表述出来。美国和加拿大的优秀教师经常对孩子进行类似的提问，还会给他们提供充分的考虑时间，这个时间就叫等待时间（wait time）。

韩国人可能比美国人性子急，很多时候都等不及孩子的回答，就把答案说出来了。为了提高孩子的思考能力，不但要经常提问一些好问题，而且也需要耐心，给他们充分考虑的时间。这种方式的教学形式就叫做互动式教学（interactive lesson），也是一种备受推崇的教学方式。

在前面的例子中，如果觉得句子的难度太大了，也可以使用一些非常简单的句子，比如"Could I get(　　)?"，"I will go to(　　)."等。

方法 4：如何教拼写？

Look at a word ⇨ copy the word ⇨ say the word aloud ⇨ spell the word aloud ⇨ write the word ⇨ check spelling。

即，用眼睛看⇨跟着画或写⇨大声读单词⇨大声读字母拼写⇨写单词⇨检查拼写。

这就是美国和加拿大的教师多使用的方法。

方法 5：制作"单词墙（Words Wall）"

利用孩子房间的墙面制作单词墙，把孩子当天学到的单词写在纸上，按照类别贴在墙上。例如：按照"冰箱里的东西"，"家庭成员的生日"，"动物"等类别贴在墙上。

方法 6：利用所学的单词造句

如果孩子今天学到了单词 March（三月）、Father（父亲）、Bear（熊），要求孩子用这三个单词造句。例如："我和爸爸将在 3 月份去动物园看熊。"这种练习不仅可以增加孩子的单词量，而且也能提高思考能力和创新能力等，美国的教师经常使用这样的方法。这个时候，我们应该注意让他们造出完整的句子，让孩子们养成这种习惯。

方法 7："Read and Do Everyday"

为了开发孩子的智力，养成自主学习的习惯，有必要让孩子每天都读书，每天都进行一些学习性活动。美国人从小就让孩子"Read、Cut、Color、Circle、Paste、Write、Draw and Fold"，让他们自己领悟和发现新东西。这就是"读、剪、上色、画圈、粘贴、写、画、折叠"的学习方法。

例 如果孩子的姓（last name）是 Lee，就让他在一张白纸上，利用杂志或报纸拼出自己的姓。孩子为了拼出字母 L，可以用剪子裁剪自己喜欢的图片（比如，狗的图片或照片，爸爸妈妈旅行的图片，TV 卡通片的图片等）。如果孩子使用了五种图片拼出了字母 L，就让孩子对妈妈说明自己的创意，也就是说，说明图片和自己的联系，为什么喜欢这种动物，为什么喜欢这种行为等。妈妈和孩子反复这种"提问⇄回答"的过程。

美国的教师一定会让孩子针对自己制作的东西或者成果进行说明，也绝对不会忘记鼓励和表扬孩子。这是为了培养和提高他们的语言能力、逻辑思维能力和各种沟通交流的技能。

方法 8：如何教小孩子读和写？

例 1 美国人使用最多的方法之一就是在日常生活中和孩子一起写各种卡片。比如，父母在写家庭成员和亲戚的生日贺卡、圣诞贺卡、感谢卡（Thank-you notes，美国人在日常生活或工作中，写感谢卡已经成为了一种日常习惯）等的时候，就会让孩子也写上几句。让孩子在卡片上粘贴自己的画，也是一个不错的方法。

例 2 让孩子制作图片日记（孩子画的图片），在图片下面写上几句话，然后向妈妈进行解释。

例 3 提供某种图片或照片，要求孩子把它粘贴在一张白纸上，然后给这个图片起名字。例如：美国的孩子就会按发音写上“ETSaBKHs”（It´s a block house）。孩子正处于学说话和学习语言的阶段，所以无论他们写出的是什么，父母应该照单全收，不断鼓励和表扬，然后再提供正确的句子，进行比较。孩子经过无数次这样的训练，就能逐渐写出正确的句子。

例 4 随着孩子单词量的日益增加，就可以要求孩子制作某一主题的目录。例如：列出想吃的食物，想做的事情等。孩子在这个过程中，不会的单词可以问妈妈，这样逐渐扩充单词量。

例 5 美国的幼儿园，经常利用教室的外墙或者围墙进行读写教育。他们让孩子用各色粉笔在墙上画出人、动物、事物等，然后在画中写上几个简单的单词，最后还要说明自己的画。他们使用这样的方式，同时也进行了“读”和“写”的教育。

这个时候，父母必须记住，因为孩子还小，所以无论孩子写或画上去的字代表什么，甚至是乱涂乱画，也要欣然欣赏。孩子经过无数次这样的训练，通过父母每一次的修改，就能逐步提高英语的实力。如果父母每一次都表现出失望的情绪，孩子就会不愿意再写英文，希望父母也能够记住这一点。

方法 9：日常生活中学习简单的英语

小孩子是用眼睛和耳朵学习新事物，所以有必要让他们在日常生活中自然接触到英语。

比如说，父母领孩子去动物园、公园、超市等地方的时候，就可以把这些地方当作是教育场所。在超市里，大多数的母亲把孩子放进购物车里，买完东西就出来了，但是从今天开始，我希望每买一个东西，就告诉孩子英文名称，让他跟读一下。如果每次去超市都能反复几次这样的过程，孩子就能很快记住这些东西的英文名称，这要比我们大人预想的还要快。父母也可以让孩子用英文数一数经过身边的人数，"ONE，TWO……"

我想在这里给那些经营大型超市的人士提个建议，能不能同时使用韩文和英文书写每种商品的标签，还有各种简单的促销广告也一样。这样，我们的孩子就不需要为了学习英语，特意到那些英语社区学习。孩子的接受能力是惊人的，这种日常生活中的英语学习会收到意想不到的效果。

有可能的话，一天几个小时也好，能否雇用几个能用英语对话的员工，让他们负责几个结算柜台，这对孩子的英语学习也是大有好处。如果超市使用了这些方法，是不是也能提高他们的营业额呢？为了节省个人以及国家在英语教育的投入，我也希望韩国寻找一些不用投入太多，只要大人稍微关怀一下，就能帮助孩子学习英语的方法。

2．小学生的英语教育方法

方法 1：无论是什么样的教学，都要教给孩子语言的技能（literary skills）

美国的小学，最近无论是什么科目的教学，都注重读写的练习。美国小学的教师一般教孩子 literacy（美国人的国语，即我们的英语）、math（数学）、social studies（社会学）、science（科学）等四个主要科目，他们把"语言的技能（literacy skills）"融合到了这些科目的教学中。

例 他们教数学的时候，要求孩子利用几个数字，进行加减乘除，或者其他的演算，然后再利用这些制作一个简单的故事书。例如：要求孩子从自己的生活中挑出几个重要的事件作为故事书的内容，每个事件再加上与此事件有关的数字，写出一个由 2 ～ 3 个句子组成的简短的故事。教师要求孩子制作由 5 ～ 7 个故事组成的故事书，每个故事中除了有关的数字之外，也可以加进去相关的图画。美国的教师认为，这样的教学不仅能教给孩子语言的技能、数学的知识，而且也能提高创新能力，所以他们喜欢这种方法，同时也认为这是一种行之有效的教育方式。

方法 2：制作“单词房间（Words Hall）”

按照字母的顺序分类单词，即分类成以字母 A 开始的单词（apple、aunt、Africa、Asia、after 等），以字母 B 开始的单词。制作的方法是，先在墙上并排贴上几个颜色各异的大张彩纸，然后在红色纸的上端写上字母“A，a”下面列举以字母 a 开头的单词，在蓝色纸上面列举以字母 B 开头的单词，每个单词都写在小纸片上，然后再粘贴到彩纸上。美国的教师一般多利用教室的墙面制作这种“单词房间（Words Hall）”，让孩子把每天学到的单词粘贴上去。

这样的方法也有助于孩子体会字母在单词中的发音规律。我们同时制作所有字母的“Words Hall”有一定的难度，所以可以一次制作五个字母的“Words Hall”，孩子掌握了这些单词，再更换其他的字母。孩子每天都会阅读童话书，我们也可以让孩子使用阅读中遇到的生词，制作这样的“Words Hall”，这也不失为一个好方法。

方法 3：用学过的单词造句

孩子利用当天学过的单词造句。如果我们结合方法 2 中的内容，方法 3 的效果就会更好。这是一个适用于所有幼儿和小学生的有效的英语教育方法。

孩子们用英语造句的时候，需要记住的是，我们可以使用不同的方法，造出同一个句子。很多韩国人学习英语的时候，会先制定，并背诵某种公式或规则，然后再按照这种公式和规则造句。父母应该引导和鼓励孩子，使用各种方式造句，不要担心犯错误，错了也要不停地说，不停地写，这样孩子的英语实力就会突飞猛进。

方法 4：写单一主题的“日志（Journal）”

如果在方法 3 中，孩子利用学过的单词，造出的句子是描写当天发生过的一件事情，就可以要求孩子从这个句子出发，写一写简单的日志。我们进行国语教育的时候，也能使用这种方法，如果用英语写的话，就要考虑孩子的实际英语水平，不能提出过分的要求，用几个简单的句子写出来就可以了。

方法 5：以使用频率高的单词为中心学习英语

首先，让孩子列出从早上起床到晚上睡觉这段时间里，在家（还有在学校）或和朋友说过的话，然后再把这些句子翻译成英语来掌握。比如，下面是孩子每天都会说到一些话。

What's for breakfast/dinner？早饭／晚饭吃什么？

You can have (carrots) or (apples)（列出孩子吃的食物）吃胡萝卜或苹果。

Let's go to school. 让我们上学去吧。

What will we do at school today？今天将在学校做什么？

This present is for you. 这是为你准备的礼物。

事实上，韩国的孩子在英语学校学到的英语，很多是在美国的日常生活中根本都不使用的句子。我们可以使用上面的方法，用韩文和英文整理出孩子在一周的时间里说过的话，然后再让他们学习掌握这些句子，这样的英语就会成为“实用日常用语”。

方法 6：父母和孩子一起制作简单的英语画册

画册的内容可以是介绍自己的家庭、家庭旅行等。画册可以分为几页，每一页选出单独的主题来做画，画的下方加上几句英文说明。例如：第一页可以画上自己的家，用英文介绍家庭成员；第二页画爸爸，用英文介绍爸爸的工作情况。

孩子按照上面的方法制作出画册之后，让他们给画册起名，然后在画册的开始页用英文写上如下面这样的“Acknowledgements（感谢语）”。

“I want to thank my mother for taking the time to help me with my project. She is a great inspiration to me. I want to thank her for her time, patience and efforts extended to make my report look great. Thanks, Mom, for all your help and love. I could not have done without you.”

“感谢妈妈特意抽出时间来帮助我完成此课题。感谢妈妈自始至终的鼓励，感谢妈妈的时间、耐心和不遗余力的帮助，这些使得我的课题趋于完美。如果没有妈妈的帮助，我是完不成这个课题的，再一次感谢妈妈给予的爱和帮助。”

如果觉得这样的文章对孩子有一定的难度，也可以写 2 ～ 3 句话的简单文章。这种课题不仅可以提高孩子的英语水平，而且也需要创新能力和思考能力，所以美国的教师提倡这样的教学方法。我们可以使用不同的主题，采用这样的方法，持续地制作这种英文画册。

方法 7：用英文给妈妈写出自己的要求

如果孩子缠着妈妈给她买什么东西，妈妈就可以要求他用英文写出自己的要求，美国的妈妈经常使用这样的方法。既能提高孩子的写作能力，还能让他使用逻辑思维整理出自己的主张。这也是为了从小培养孩子在日常生活中也能够进行系统的逻辑思考的习惯，孩子在系统的思考中，有时就会意识到自己的要求是不合逻辑的，是无理的要求。

美国教师一般多使用如下的写作教育原则：

◆句子（Sentence）：Write complete sentences（使用完整的句子）。

◆句子的长度（Linelength）：you know how much to write by how many lines there are（句子不要太长，要简洁明了）。

◆答案（Answer）：make sure you answer the question（重点要明确）。

◆技巧（Mechanics）：capitalization，punctuation，spelling and grammar（要区分大小写，恰当地使用逗号、句号等标点符号，拼写和语法要正确）

◆依据（Support）：use details to support your answer（要使用恰当的依据来支持你的主张）。

例如，如果孩子需要什么东西，就让他写出需要什么（I would like to have）为什么需要（I need because____），如何使用（I am going to use if for____. 或者 I am going to use it when I do），如果拥有，会有什么不同（if I had it，it would make/help me____）。

这样的原则，不仅适用于孩子的写作，而且也适用于陈述某种主题。美国的孩子从小就接受这种有效的写作和表达的教育，为了能够把自己的想法明确而有效地传达给对方，这种技能也是必需的，就是说，这种技能是孩子将来的社会生活所必需的能力。

美国的教师同时也教育孩子，写作不是一次就能完成的工作，不能想到哪里就写到哪里，一定要经过“预写 prewriting ⇨组织 organizing ⇨写作 writing ⇨编辑并重写 editing and rewriting”等“写作步骤”。孩子通过这样的步骤，就会考虑到选词的问题（careful word choice），文章的流畅（sentence fluency），文章的组织（organization），还有语法的问题，这些都是美国的教师教给孩子的“写作的基本功”。

拿美国的这种语言教育和韩国国语的实际教育情况相比较，我真是有些担心韩国孩子的未来。不要说是英语，就是韩国语的使用上，也存在太多的变形，他们的很多话连我都听不懂，可能是为了表现朋友之间的亲近（？），语言里掺杂着很多的脏话。

虽然韩国的教育中存在的问题很多，但是我还是希望我们的父母能够关心孩子使用正确的语言，写出规整的文章，有效地表达自己的想法的语言（包括英语和韩国语）教育。

孩子学习英语的时候也是一样，应该从小养成使用正确规整的单词和句子写文章的习惯，就是找一个英语国家的人学习英语，也要找一个好老师。

方法 8：让孩子阅读同一个主题不同观点的书籍

美国的父母，从小就训练孩子把自己读到的内容讲述给别人听的能力，也就是说，训练孩子使用从书中习得的知识，与别人进行有效的交流。尤其是英才教育中，要求他们阅读几本同一个主题，但是观点不同的书，然后进行分析、综合并发表各种观点。

例如让孩子们阅读埃及版本的灰姑娘，美国版的灰姑娘，巴西版的灰姑娘等童话书，利用维恩图解（Venn Diagram）分析出它们的共同点和不同点，然后再让孩子构思一个自己的灰姑娘。美国的教师在给孩子分析阅读材料的时候，经常使用维恩图解（韩国的语言教育，只是聚焦于让孩子“理解”某个文章，几乎没有像这种让孩子针对同一主题的不同观点进行分析、综合，发表意见的教育）。虽然读者不知道维恩图解（Venn Diagram）这个名称，但是在美国和加拿大，这是个大家所熟悉的方法。

图 5 维恩图解 VennDiagram

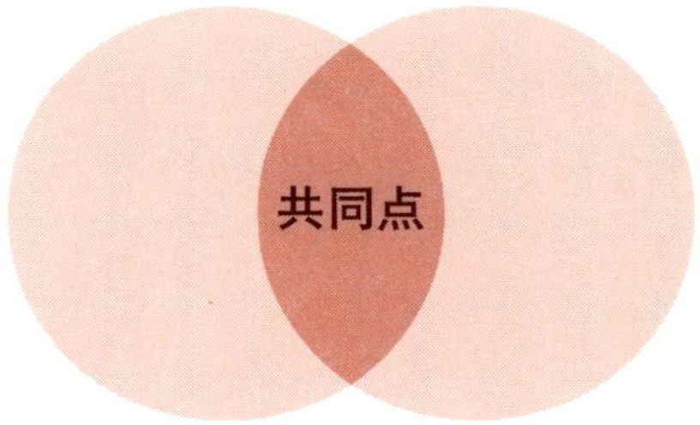

韩国的孩子学习英语或韩国语的时候，很多时候不得不阅读那些没有意思的句子和文章。虽然有很多让孩子读起来津津有味的书，完全可以利用这样的书，进行多种多样的语言教育，但是却要让孩子阅读那些乏味的句子和文章，这样的语言教育，就等同于在迫使孩子讨厌阅读。孩子不得不阅读那些乏味的句子和文章；语言教育聚焦在阅读和理解文章上，却没有给孩子提供分析、综合、评价的机会；不得不背诵某些专家对文章的解释，这些可能就是韩国的国语和英语教育中存在的最大问题。

无论是韩国语还是英语的教育，必须要从给孩子提供他们感兴趣的文章等阅读材料开始。符合孩子的智力发展水平的各类英文童话书，不仅能提高孩子的英语实力，而且也能使孩子养成很好的阅读习惯。

3. 英语教育的 5 个注意事项

在这里，我想跟韩国的父母讲一讲有关英语教育的注意事项。

注意事项 1：不能认为英语国家的人英语水平就高

很多英语国家的人，即使他们毕业于本国大学，但是他们的英语水平实在是不怎么样，对话中经常出现语法错误，写出的文章也是经常让人啼笑皆非，甚至在有些教小孩子的教师中偶尔也能发现这样的人。例如：他们不能区分 its 和 it′s，then 和 than，我甚至看到过有些大学生把 should have done 按照发音写成 should of done。很多人写出的文章，虽然能使别人理解大概的意思，但是这些文章既不正确又不完整。

美国和加拿大几乎所有的大学校园里都设有“写作中心（Writing Center）”，我希望韩国的父母能够明白，他们的目的是帮助外国人学习英语，但是更大的目的或许就是帮助那些本国的学生提高写作的能力。

我要说的是，如果你想把孩子的英语教育托付给某个英语国家的人，就一定要找一个好老师。根据我以往的经验，美国和加拿大的大学生中，学分和成绩高的学生，英语水平也是可以放心的，所以希望聘用外教的时候，不但要看大学的毕业证书，也要看他们的成绩。

如果找到一个水平很差的外教，那将对孩子来说是失多于得。比如，应该是说成“I don′t have anything to do.（我没有要做的事情）”有些英语国家的人就说成“I don′t have nothing to do.”。韩国的父母需要记住，如果你的孩子学到了这样的英语，将来也很难改掉这种语言习惯。

我的那些大学的学生中，也有一些人在韩国教过 2～3 年的英语，还有一些学生，打算在国内正式成为教师之前，想先到国外教几年英语。我就拜托他们，如果你去韩国教英语，就要教好韩国的孩子，不要从俗语开始教，一定要使用完整而规整的英语句子。我还会在心里拜托一些教师，“好啊，你想到哪里教英语是你的自由，但是千万不要去韩国！”因为我知道他们的英语水平。

如果父母懂得英语教育的方法，与其跟着水平很差的外教学习英语，还不如由父母来教自己孩子的英语。从今天开始，父母就可以使用这本书里介绍的方法，教自己孩子的英语。

注意事项 2：孩子将来需要的是“真正的”英语

孩子将来的工作、生活所需要的英语绝对不是“单纯的英语会话”，而是真正的“专门英语，高级英语”。我们要知道，美国和加拿大的有教养的社会人士都在使用“真正的”英语。韩国的有些英语教育者，喜欢教一些省略语或俗语，但是这并不是一种值得称道的英语教育。这样的英语，只是我们在市场，和朋友们聊天的时候才可以使用的英语，绝对不是高级英语。

有些读者或许反驳说，美国的电影中也经常使用这样的语言。如果电影中确实使用了很多这样的英语，那就有必要观察使用这些语言的人物，他们的身份或社会背景，以及在什么样的情况之下使用的，之后你就会同意我的这个观点。

虽然我们有必要听得懂这种英语，但是对于一个有教养的人士来说，不应该使用这样的英语。韩国的父母一定要认识到，很多英语国家的人，使用的英语都是低级的，他们的英语存在很多语法错误。

我在美国各地观摩小学教学的时候，经常看到教师给孩子改正语言中的错误：

“你不应该这么说，那是错误的。你试一下这么说？”

孩子正处于增加词汇量，逐渐学习复杂的句子结构的时期，所以他们及时为孩子纠正使用语言中的错误。

如果想使用高级英语构思语言，丰富的单词量和熟练的语法都是必不可少的。我到美国之前，也曾在一家英语补习学校短暂学习过英语。如今回想起来，虽然也学到了一些真正的英语，但是也为学习那些没有多大用处的知识而花费的时间感到惋惜，觉得当时还不如在家里多读一些有关自己专业的英文原著，更有助于后来的留学生活。根据我的英语学习经验，即使开始时听不懂多少英文，英文表达也有困难的人，只要掌握了丰富的单词和语法，能够流畅地阅读英文原著，解决口语和听力的问题，也只不过是时间问题了。

我的建议是，如果自己有能力自学，与其在学校花费时间，还不如自己多读一些英语书籍，学习语法。如果你学习英文的目的，不仅仅是在日常生活中使用这种语言，那么阅读真的是非常重要的。我们要知道阅读和写作能力是密切相关的，韩国语的学习也是一样，善于阅读理解的人，也会善于写作。

所以，把我们的孩子送到英语学校提高他们的会话能力固然是好，但是更为重要的是，让他们多读英文童话书，给他们创造出能够自然地学习单词、写文章的方法、语法、阅读理解等的学习条件和环境。因为童话书里有孩子感兴趣的故事，所以只要提供他们喜欢的童话书，就不会让孩子感到厌倦，能够自然而然地学习英语。我已在前面讲过选书的方法，所以在这里就不再一一叙述了。

注意事项 3：学习专业知识和技术要比学习英语会话重要得多

孩子长大成人之后，比英语更为重要的是掌握了多少自己专业领域里的专业知识和技术。美国的企业招聘新人的时候，肯定会考虑应聘者的长处，有没有别的职员所没有的能力，对自己公司的哪些方面会带来哪些好处等。

我们假设一个英语水平非常高的人想得到这份工作，如果这个人除了英语之外，还兼备了自己专业的知识和技术，也拥有别人没有的某种强项，得到这份工作当然会不成问题，但是如果英语是他的唯一强项，这份工作肯定会与他擦肩而过。

虽然这是美国的故事，但是等到我们的孩子长大成人之后，在韩国也将会发生同样的故事，因为到那时英语已不再是一种优势，重要的最终还是专业知识和技术以及优秀的人格。

注意事项 4：英语是“工具”，绝非“目标”

与外国人共事过的美国人都知道，虽然刚开始他们的英语不怎么样，但是随着他们发挥自己的强项，努力工作，他们的英语水平也会突飞猛进。

正因为如此，只要这个外国新人在自己的专业领域中具有真正的专业实力，美国人甚至会表现出耐心，会给他们一些时间。爱因斯坦并不是美国人，但是很多美国人就把他当作是美国的发明家，尊重这位科学家。这位伟人的英语水平也是很差的，连美国人也很难听得懂他的英语。

就是说，学好英语固然重要，但是父母引导孩子发现自己喜欢的领域，让他们逐渐积累这一领域的知识和技术，这也是同等重要的。

我希望韩国的父母不要忘记，孩子长大成人之后，英语是他们的社会生活和工作中的一种“工具”，绝非是“目标”。如果有哪些父母，为了孩子的英语，就决定让孩子早期留学，我就想奉劝一句，这并非是一个明智的选择。因为孩子的幼儿园、小学、初高中的学校生活，除了英语之外，还包括很多其他重要的内容。

孩子在学校除了学习知识外，通过朋友也可以积累人际关系的经验，而这种经验，会成为孩子将来社会生活的非常重要的基础，尤其是像韩国这样的社会结构，我们更不能忽视同窗、前后辈等这种人脉关系。

父母在决定孩子的早期留学之前，有个问题必须要考虑好，那就是孩子大学毕业之后是留在国外，还是回到韩国来生活。如果孩子很有可能会回到韩国来工作和生活，他就需要面对很多不利的因素，其中之一就是没有同窗和前后辈这种人脉关系。美国社会的人际关系往往也是这种学校同窗之谊的延伸，韩国就更不用说了。

美国人对韩国人的早期留学的看法基本都是相同的，他们认为孩子在成长过程中，在学校学到的知识并不是全部；家庭生活会使孩子认识到家的珍贵，长大成人，离开父母步入社会之后，一家人还是一家人。如果孩子从小远离家庭，独自生活的话，家很难再给孩子带来温馨的感觉。他们还认为，孩子在成长过程中，从父母那里会学到很多很多的东西，早期留学意味着要抛弃这么重要的部分，他们觉得这是完全不能接受的。

我们不满意韩国的教育现实，早期留学有可能是逃避韩国教育现实的一种手段，但是希望韩国的家长，首先充分考虑好得失，再做出决定。

注意事项 5：要明确学习英语的目的（英语会话并不是全部）

美国英语教育的标准课程中，“读（reading）”也有如下的三种目的。第一，让孩子接触到各种类型的阅读材料，提高他们的阅读理解能力，吸取间接养分。阅读材料包括小说、戏剧、传说、传记、神话、寓言等。第二，阅读的目的是寻找需要的信息。比如说，通过杂志、报纸、讲演稿、论文等得到自己需要的信息。第三，日常生活（比如，为了了解某种通告的内容，公共汽车的班次表，游戏的规则）的需要。

所以，满足所有这些目的的英语或语言教育，不仅要求孩子“理解”阅读材料的内容，而且同时也要培养孩子的“分析、综合、评价”所读内容的思考能力。换个角度来说，学习生活中的日常会话，理解所读内容（韩国的英语教育就是如此）并不是语言教育的全部。

正因为如此，美国的优秀教师才会利用各种教材，采用各种各样的方法来进行英语教育。

22

培养领军人物的尺度——团队精神

美国的英才教师认为，孩子的人际关系也是辨别英才的标准之一。就是说，他们会观察孩子的朋友关系，兄弟姐妹之间的关系以及孩子的领导才能在这种关系中的发挥程度等，其中最主要的观察内容就是团队精神。

很多韩国人一提到英才，就会联想到“独自”全神贯注学习的样子，不会把英才和团队精神联系到一起。美国负责英才教育的专业人士却认为，英才或者聪明的孩子长大成人之后，很有可能会成为引领社会和社会成员的领军人物，所以应该从小指导他们处理好人际关系，而和谐人际关系的关键就在于团队精神。

团队精神教育方法 1 为了培养孩子的团队精神，美国和加拿大的教师多使用团队学习的方法。这种教学的目的，就在于让孩子亲身体验团队的合作，从实践中学习和磨练团队合作的方法和窍门。

为了取得这样的教育目标，使用最多的方法，就是前面已经介绍过的“七巧板方法”。每个孩子只学习和研究一个概念或主题，成为这个方面的“专家”，然后回到自己的小组，把自己学到的知识传授给其他成员，再从别人那里学到其他概念和主题的知识。孩子在这样的相互学习的过程中，不仅学到知识，而且也会认识到团队精神的重要性。

这种七巧板方法，是美国的一位教授在约三十年时间里开发出来的，据说是为了自己在大学的教学开发出来的。这位教授观察发现，白人学生和黑人学生相互不往来，界限分明。这位教授则认为，学生在大学里，不仅要学好自己的专业知识，也应该接触各种各样的人，尽可能体验社会的多样性。据说，这位教授是为了解决学生的这种行为问题，所以才开发出了这个七巧板方法。

学生在团队合作的过程中，在互相学习的过程中，会增进彼此的了解，这种进一步的相互了解，有助于他们将来的社会生活，而且也会成为和谐社会的原动力。

七巧板教学的主要目的在于，让孩子认识到团队合作的重要性。因为需要几个孩子一起来完成，所以最好是几个孩子聚在一起玩耍的时候使用这种方法，比如说，如果有四个孩子（A ～ D），两个学习主题，就可以让 A 和 C 学习“主题 1”，成为这一主题的专家；让 B 和 D 成为“主题 2”的专家。然后，A 和 B 成一组，C 和 D 成为另外一组，让他们相互学习。

团队合作的教学方法中，教师尤其喜爱七巧板方法，因为这种方法，可以让所有的孩子都成为某一方面的专家，谁也不能偷懒，而且也能让那些性格内向的学生转变成善于表达的学生。这种方法也是 21 世纪英才教育方法，用来提醒那些英才，不能骄傲，不能成为一个利己主义者，因为英才很容易骄傲，一不小心就会成为一个利己主义者。

如果孩子暂时没有玩伴，妈妈和孩子两个人也可以使用这个方法，妈妈和孩子各负责一个主题来进行就可以了。

例 科学教学中也可以使用七巧板方法。例如，学习夏威夷的自然状况，研究如下的主题。

主题 1：调查夏威夷一周的气候，并制作图表。

主题 2：调查夏威夷的岛屿和近海里的鱼、海洋植物、动物的生活（sealife）。

主题 3：通过网络、画册等资源，调查夏威夷的火山活动。

（1）1、2、3，1、2、3……，按照这种方式，组成三人小组，每个孩子发一个号。然后所有拿到 1 号的孩子，深入学习和研究主题 1，其余的以此类推。

（2）通过学习，每个孩子都会成为某一个主题方面的专家，然后各自回到自己的三人小组，三个人再互相学习彼此的知识。

（3）小组的三个成员在一起：

◆从主题 1 的研究结果出发，导出两个夏威夷气候的普遍规律（generalization），还要结合气候，调查夏威夷的农作物。

◆从主题 2 的研究结果出发，利用教室或孩子房间的一面墙，制作表现夏威夷海底世界的壁画（mural）或者图画。

◆从主题 3 的研究结果出发，用粘土制作火山模型，并把火山各处的说明对应贴在模型上。

（4）从三个主题的研究结果出发，选择出保护夏威夷自然的三项措施并进行讨论，说一说自己为这样的目的能做些什么。

这种使用七巧板方法的科学教学，我们也可以拿来让孩子学习和研究韩国的自然。

团队合作教育方法 2 为了培养孩子的团队精神，另外一个使用最多的方法就是“讨论”，因为一次高质量的讨论，需要参与讨论的人发扬团队精神。如果每个人只顾着自己说话，不注意聆听别人的发言，以至于答非所问，或者嘲笑别人，就无法进行高质高效的讨论，而这些缺点可以通过从小的教育得到改正。

讨论能力上，都说韩国人不如美国人，这也是韩国人从小没有接受过这方面教育的缘故。美国和加拿大不仅过去没有忽视这种教育，而且如今新的教育课程，结合着培养孩子的沟通和交流的能力、团队精神和领导能力，更加重视教给孩子讨论的方法。

我在美国教过的那些教师告诉我，新任教师刚开始进行这种团队合作的教学，感觉非常吃力，毕竟他们缺乏控制孩子的技术。孩子寻找、发现、讨论的过程，很有可能是一个非常嘈杂而混乱的过程，所以教师和父母需要积累经验，需要时间磨练出控制这种“混乱”的方法。

上课的时候，这些现职教师经常向我提出这个问题，我就建议他们一定要给孩子制定“明确而简单的学习向导”。例如：

30 分钟之内完成课题任务。（孩子应该从小认识到，完成课题和按时完成课题同等重要，这也是为了让他们磨练出有效使用时间的方法。）

团队合作的过程中，互相遵守礼节。例：

—对事不对人（challenge the opinion，not the person）；

—轮流发表意见；

—每人的陈述不能超过两分钟；

—争论中要做到相互尊重；

—如果每个小组决定出了要支持哪一种特定的观点，就要合作完成最后一个阶段；

—每个小组在写报告或者进行发表的时候，要按照内容目录（大概 5 个左右）来完成。

这样的学习向导，要在孩子开始课题之前交给他们，并且保证孩子充分理解了其中的内容。就像我在前面已经提到过的那样，父母和教师也要按照这个学习向导评判孩子的课题成果。

教师也好，孩子也好，刚开始这种教学的时候，都会有些摸不着头脑，会比较乱，但是随着经验的积累，孩子的学业成绩会有一个长足的进步。

根据美国教育家的研究，孩子学习同样的内容，如果采用教科书、参考书、结合听讲的方法，只能记住10%的内容；如果采用把学到的知识传授给其他同学的方法，就会有超过90%的概率记住学习的内容。

英才教育中经常使用这样的方法，根据英才教师所说，这种团队合作的教学方法，也有助于提高孩子的自控能力，所以他们一般多使用这种教学方法。

读者在此书中肯定感觉到，美国和加拿大的优秀教师，即使是围绕着一个主题，他们也会努力同时进行多方面的教育（即，思考能力、创新能力、沟通和交流的能力、团队精神、道德方面的教育），尤其在英才教育中，这样的教育特点更为突出。这种教育和韩国的急于传授知识、急于超前学习的学校教育和英才教育，形成鲜明的对照。

23

培养强调道德的领导能力

为了培养孩子的领导能力，美国的英才教师非常强调“道德”的培养。换句话说，他们教育孩子，如果想成为一个领军人物，必须要成为一个正直的、懂得关怀别人、乐于帮助别人的人，他们从小对孩子进行这种洗脑式的教育。

这是因为，英才一般非常关心正义和道德的东西，也是美国传统的思维模式，美国人相信，领军人物就应该正直纯洁，懂得关怀他人，应该是一个博爱主义者。在美国，个人生活一塌糊涂的人，也希望有一个道德完美的非常严谨的领导。

很多韩国的父母认为，孩子在初中、高中当班长、会长等职务，领导能力就能自动得到培养，但是美国和加拿大人却认为，领导能力的培养要和人格和道德教育紧密联系起来。

美国的富翁作为社会的领军人物，为社会的方方面面做出很多贡献。美国也有很多博爱主义者，这些人相信自己作为一个社会的领军人物，就有这样的“社会义务”，这么做是理所当然的，同时这也是美国民众对他们的期待。

与此相反，韩国的富翁怎么样呢？他们倾尽全力致力于把财产和经营权遗留给自己的子女，而事关韩国的文化事业，或韩国的未来，他们只会做一些表面文章。

十年之前，在我没有深入了解美国社会之前，我还认为这种差异是来源于两国不同的文化，但是观摩了无数次美国人的学校教学，亲眼看到美国人是如何教育孩子时，我才认识到，这种差异是源于两国孩子接受的教育不同。

韩国如今的教育现实是，无论是一般教育还是英才教育，都仍然停留在重视知识的传授和注重超前学习的阶段。我希望韩国也能把教育的目光转向这种道德教育，为了韩国的未来，尤其希望培养出英才的“社会责任感”。

24

培养逻辑思维的保罗的推理轮

美国和加拿大的教师经常使用一些结构严谨的教学模式，下面的教学就是其中之一，教学步骤如下。

首先明确“什么是问题？（What is the problem？）”，然后按照下面的步骤解决问题。

1. 为什么这个问题需要推理？推理的目的是什么？

2. 对这个问题，都有哪些观点？

3. 各种观点都有哪些依据？

4. 这个问题包含着哪些重要的概念或观点？

5. 有关这一问题，都有哪些假设和推测？

6. 针对这一问题，我们可以做哪些推理？

7. 如果我们为了解决这一问题，做出了某种选择，那么这种选择的预测结果是什么？

图 6 保罗的推理轮 Paul’s Reasoning Wheel

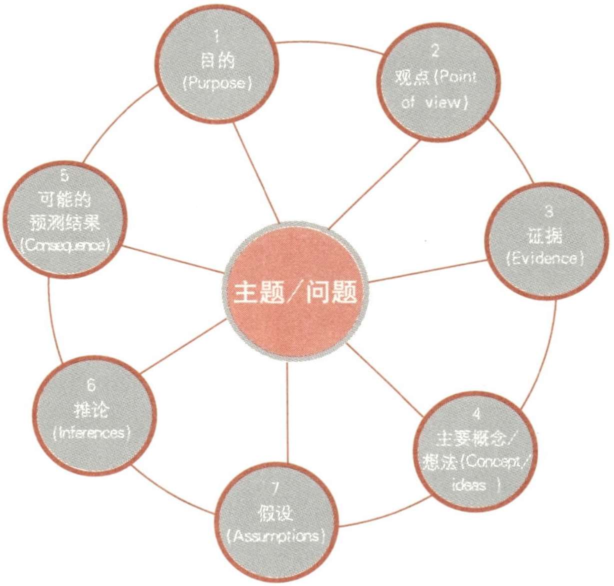

例 伊拉克的派兵问题成为了政治和外交问题，让我们利用“保罗的推理轮”分析一下这个问题，需要解决的问题是应该继续派兵还是停止派兵。孩子需要按照上面的七个步骤解决这一问题。这样的教学可以让孩子养成系统的逻辑思维习惯。

25

苏格拉底式的提问(Socratic Questioning)能让你的思维变得清晰

这种方法依靠教师训练有素的、结构严谨的“提问”，提高孩子的思考能力，而且能让孩子的不完整、不太清晰的想法逐渐变得清晰完整。其步骤如下，从 1 到 4 的提问过程中，每个提问过程结束之后，一定要给孩子充分考虑下一个问题的时间，然后再进入到下一个阶段。

1. 你的提问应该让孩子明确理解问题。
2. 你的提问应该能让孩子收集到解决问题的依据。
3. 你的提问应该能让孩子了解针对此问题的假设。
4. 你的提问应该能让孩子回答问题，思考其结果。

例 教学的主题是寻找解决全球变暖问题的方法。利用上面 1 到 4 的步骤，利用苏格拉底式的提问方法如下：

1. 近来地球的温度有什么样的变化？

（孩子的回答）________________________________

2. 我们是如何知道地球的温度正在上升？有什么样的证据？

（孩子的回答）________________________________

3. 如果你是通过媒体了解到这一现象，你相信这个媒体真的能够证明地球的温度正在上升吗？你相信这个媒体吗？

（孩子的回答）________________________________

4. 地球温度上升的原因是什么？

（孩子的回答）________________________________

5. 如果你认为大气的污染导致了地球温度的上升，那么具体大气污染中的什么物质导致了这样的现象？

（孩子的回答）________________________________

6. 这个物质是如何使地球温度上升的呢？

（孩子的回答）________________________________

孩子为了回答这样的苏格拉底式的提问，需要自己收集资料，并分析这些资料，还要以自己的分析结果作为基础，导出问题的答案。美国和加拿大的教师为了培养孩子的辩证思维能力和逻辑思维能力，教学中也会经常使用这种方法。尤其是在“阶段3”（了解假设说的阶段），他们鼓励和训练孩子不要无条件地接受某种信息或者知识，应该自己进行批判性分析。

26

有助于概念理解的塔巴模式（Taba Model）

塔巴模型多用于某种概念或主题的教学。我们在学习某种概念的时候，经常是无条件地背诵概念的定义，但是美国的优秀教师不会采用这样的方式。他们会按照如下的步骤学习某种概念或课题。

1. 首先问孩子是否听说过这个概念或主题，列出他们说出来的有关这个概念或主题的单词。
2. 按照这些单词的共同点进行分类。
3. 附上类别名称，然后按照类别进行深入的概念学习。

例 1 教学内容是学习第二次世界大战的历史，利用塔巴模式进行的教学如下：

1. 先提问孩子：

“提到第二次世界大战，你们首先想起来的是什么单词？（列出孩子说出来的单词，例如希特勒、墨索里尼等历史人物，或者珍珠港、原子弹、屠杀犹太人等。）

2. “让我们找出这些单词的一些共性，进行一下分类吧。”（孩子们利用与第二次世界大战有关的“领导人”、“武器和科学技术”、“战争波及的国家”等分类标准进行分类。）

3. “让我们给每个分类起个名字吧。”（分类名称可以是“领导人”、“武器和科学技术”、“战争波及的国家”等。）

孩子按照这样的分类进行有深度的学习，英才教师在这个阶段也经常使用我们在前面提到过的七巧板方法。我们也可以使用同样的方法，让孩子学习第一次世界大战，再与第二次世界大战进行比较。

这种方法在学习各类植物、动物，或岩石等科学知识的教学中也被广泛地应用。例如，首先让孩子列出自己知道的动物，再按照这些动物的共性进行分类，并安上分类名称，然后再深入学习。

27

提高综合思考能力的探索学习

这种教学方法不同于我们所熟悉的“灌输型”教学，这种教学方法是以孩子为中心进行的。教师先给孩子提出问题，然后需要孩子自己寻求问题的答案，其步骤如下：

1. 提出需要解决或解答的问题。
2. 要求孩子考虑可能的答案，即预测或假设问题的答案。
3. 为了判断自己的预测或假设是否正确，孩子需要收集必要的数据和信息。
4. 分析收集到的数据和信息，然后再利用分析结果判断自己的假设是否正确。
5. 用文字或口述的方式发表分析结果。

例 1 使用蓝色、红色和淡绿色的滤光屏观察彩纸的不同颜色，孩子需要回答透过滤光屏看到的颜色。

1. 用表格表示提出的问题。

彩纸的颜色	蓝色滤波屏	红色滤波屏	浅绿色滤波屏
白色			
蓝色			
绿色			
红色			
黄色			
黑色			

2. 要求孩子写出可能的答案。

3. 为了寻求正确答案，要求孩子亲自做实验。

在这个阶段，也可以提出如下的问题：

“使用淡绿色滤光屏的时候，是什么颜色的彩纸呈现出淡绿色？”

“使用红色滤光屏的时候，是什么颜色的彩纸呈现出红色？”

“白色在所有的颜色上面都显得很突出，纸会反射出什么颜色？什么颜色可以通过蓝色、红色、绿色滤光屏呢？”

4. 根据实验结果验证之前的答案。要求孩子说明从试验结果可以得出什么样的结论。

5. 整理出实验和分析结果，使用文字或口头的方式发表结果。这个时候，可以参考 Part02 里的“沟通的技能”。

例 2 探索学习一般多用于科学的教学，但是也可以用于社会学科的教学。让我来举一个例子吧。

1. 问题：美国南北战争时期的一个十岁孩子和如今美国的十岁孩子，他们一天的日程和生活方式会有什么样的不同？

2. 要求孩子估计两者之间的不同点。

3. 要求孩子收集和整理出十岁孩子的衣食住行的不同，家庭角色的不同等资料。

4. 比较预测的结果和分析资料得到的结果。

5. 整理出分析的结果，使用文字或口头的方式发表结果。

这种历史教学没有采用背诵某个历史事件的方法，而是通过比较过去和现在的方法，很自然地就让孩子把历史和现实生活联系起来。

这种教学的另外一种特点，是在了解孩子的日常生活情况的过程中，使用了统合型的方法。比如，通过了解两个时代的衣食住行情况、不同的文明、生活的各个方面的相互作用等，要求孩子观察整个的生活方式，而不是学习政治史或伟人为中心的历史。简单来说，要求孩子综合研究某个历史事件，而不是学习某种知识的片断。

我们也可以利用这种方法，学习韩国某一个时期的历史。例如，通过比较生活在 1800 年的十岁孩子和现今十岁孩子的生活情况，可以了解到朝鲜不同时代的情况。

28

让孩子熟悉研究

我们一般认为研究是大学教授，或者是研究机构的研究员所做的工作，但是美国的英才教学，经常就是研究模式的教学。

几年前，一位英才教师给我拿来了一篇小学四年级学生的研究论文，让我评价一番，这篇论文探讨的是，产业革命是一次真正的“革命”，还是当时社会的产业发展所导致的必然结果。这个孩子主张产业革命是一场真正的革命，井然有序地整理出了自己的观点。

虽然这篇论文的作者是小学生，但是我认为论文的质量要比那些一般的大学生还要高出一等。

为了开发和发展孩子的智力，针对某一主题，整理出自己所知道的内容，收集和分析资料，发表研究结果等，这些是必不可少的训练。

一般来说，“研究模式”作为一种学习方法，其步骤如下：

1. 准确叙述需要解决的问题或课题。简略陈述作者的观点。
2. 整理各种见解和观点。这个时候，应该阅读有关资料，并进行系统的整理。

3. 提出2～3个自己想回答的问题，这些问题必须是需要解决的核心问题。

4. 为了解决自己提出来的问题，寻找和收集有关资料和数据。

5. 分析资料和数据。

6. 充分利用分析结果，围绕着自己的观点，写出结构严谨的文章。如果需要，就应该使用一些表格或图表等辅助手段，清晰地叙述出自己的观点。

7. 从分析的结果出发，叙述自己的结论，同时要指出此次研究结果的缺陷，以及将来进一步的研究方向。

例 疯牛病如今已经成了韩国社会的焦点问题，我们也可以让孩子进行有关疯牛病的一些研究。按照上面的步骤可以进行如下的教学。

1. 孩子反对从美国进口含骨头的牛肉，为了能够有理有据地提出这种主张，有必要通过科学研究，找出足够的理由来支撑自己的主张。孩子需要解决的课题就是“美产含骨牛肉和疯牛病之间究竟有什么样的相互关系？”

2. 收集和研究有关资料，并系统地整理这些资料。

3. 为了解决好在第一个阶段提出来的课题，把课题细分为四个左右的小课题。例如，“美国总共报告了几例疯牛病？所占的比率是多少？”“有多少人染上了疯牛病？”“美国政府和与畜牧有关的企业具体都做出了什么样的努力？这样的努力得到了那些具体的成效？”“美国的牛比韩国在内的其他国家的牛更危险，其危险程度如何？”

4. 为了回答上面的四组问题，需要收集有关资料。如果只收集相同视角的资料，就无法导出一个很好的结论，所以应该强调让孩子一个主题最少要收集两种不同视角的研究资料。

5. 分析收集到的资料和数据。

6. 利用分析结果制作表格或图表，并写出研究结果。这个时候，不要忘记要明确回答上面提出的四组问题。

以第 6 阶段的研究结果作为基础，导出大课题“美产含骨牛肉和疯牛病之间究竟有什么样的相互关系”的答案，同时也不要忘记陈述这次的研究结果存在的问题，比如收集资料的过程中存在的局限性等。

我看到初高中学生也参与到了烛光示威，看到网络上充斥着各种各样的流言怪谈，看到一些教师把自己的主张俨然当作经过科学验证的事实教给学生，看到韩国政府向国民呼吁“无条件相信政府”，就不禁让我将韩国的教育现状和美国加拿大的教育进行比较。我想强调的是，让孩子了解不同视角的科学研究结果，让他们进行科学的“研究”，正是教育发达国家的教育方式。我们绝对不能把我们的后代培养成碌碌无为、毫无能力可言的庸才，应该让他们拥有长远的目光、犀利的判断能力和明智的决策能力。

以小学生的英语能力很可能无法阅读前面所说的各种资料，教师应该先把这些英文材料翻译成韩国语，再提供给孩子进行研究。这也是一种统合型教育，也需要英语教师和其他教师的通力合作。

21 世纪要求孩子具备这种统合型的思考方式，所以如果韩国也想进行这种先进的教学，必须打破科目之间的界限，必须互相合作，这也可以看作是教师为了把我们的孩子培养成聪明的孩子而付出的一种努力。

就像这样，美国和加拿大的学校把社会的焦点问题导入到课堂教学中，积极进行这种模式的教学。这种教学的目的是通过“多种视角”培养出孩子将来生活所必需的判断能力和决策能力。

29

建构型的学习（Constructivist Learning）能够创造出新知识

我已经在第一章的美国地理的教学中，详细地介绍过这种教学方法，概括其教学步骤如下：

1．学习某个主题的时候，应该从孩子的已知知识出发。为了了解孩子对有关主题的知识，提出几个能够培养思考能力的问题。

2．孩子获得新知识。

3．理解并掌握新知识。

4．尝试应用学到的知识解决其他问题。

5．比较自己的新旧知识，

这种教学有两个核心：

第一，引导孩子从已知知识出发，学习新知识；通过比较新旧知识，扩充自己的知识，并且创造出新知识。

第二，让孩子认识到学到的知识并不是永恒不变的真理，随着新的研究结果出现，知识本身是会有变化的，即已知知识有可能已不再是真理，新知识有可能会成为真理，所以应该引导孩子发现新知识，并让他认识到其重要性。

建构型的学习理论认为，教育不是让孩子接受和学习世界上已经存在的知识，而是利用已知知识，让孩子创造出新的知识。从这一点来看，韩国的那种让孩子把书本上的知识当作真理，背诵这些知识的教育方式，已经不能适应21世纪的时代要求。

30

应用科学教学中的“5—E”

我在这里给读者介绍一种“建构型的学习方法”和“科学教学的5—E”相结合的教学。美国和加拿大的学校，如今强调在从小学到高中的科学教学中应用“5—E。“5—E”的内容如下：

◆导入（Engagement）：开始教学的过程中，发动学生积极参与到教学中的开始阶段；

◆探索（Exploration）：孩子逐渐习得教学内容的阶段；

◆说明（Explanation）：理解教学内容，掌握知识的过程；

◆完善（Elaboration）：“应用”学到的知识，或者解决新问题的过程；

◆评价（Evaluation）：回顾学到的知识，进行综合，整理的过程。

例 如果进行有关土壤的侵蚀、流失、沉积的教学，可以按照如下的阶段安排教学。

（1）导入（Engagement）：首先了解孩子对这个主题的已知知识，这是通过提问让孩子主动参与到教学中的过程。把孩子带到运动场或屋外，带到能见到土壤的地方，让他们观察留有土壤流失或沉积痕迹的地方，然后提问一些问题。

“这个区域和其他区域有什么不一样？”

“为什么有些地方的土壤少，而有些地方的土壤层很厚呢？”

提问以后，记录好孩子的回答。

（2）探索（Exploration）：准备三到四种不同的土壤（比如，粘土、种花用的土、种草坪使用的土、运动场上的土等）和小箱子，然后要求孩子按顺序完成如下的工作：

1. 把这些土壤分别铺在小箱子里；

2. 用擀面杖之类的东西铺平，压实；

3. 根据各种土壤的样子，制作图表（diagram），然后起一个新颖的名称；

4. 提问：“如果下雨，各类土壤会发生什么样的变化呢？”

5. 要求孩子写出上面问题的预测答案。

6. 用锥子在一个纸杯的底部扎出十个左右的小孔，利用这个纸杯，在离箱子 10 厘米的上方，均匀地浇水；

7. 让孩子细心观察，并写出各自的观察结果；

8. 让孩子比较一下，预测答案和观察结果。

（3）说明（Explanation）：进行如下提问：

“试验之前，你的预测答案是什么？”

“下雨的时候，每个箱子里都发生了什么事情呀？把你观察过程写出来。”

“下雨之前和之后，土壤发生了什么样的变化呀？”

“土壤怎么样了呢？移动到哪里了呢？为什么会出现这样的移动呢？”

在黑板或纸上，记录孩子的回答。例如，土壤出现了部分流失；土壤堆积在倾斜面的下方；雨水移动了土壤；雨点使土壤表面出现了很多小孔等。

教师告诉孩子，科学家研究某种自然现象的时候，也会经过类似的研究过程。

孩子仔细观察发生土壤流失或沉积的地方之后，要求他们写出土壤流失和沉积的定义，然后再告诉他们科学家给出的定义，同时也要了解孩子对土壤移动过程的认识。在这个过程中，要求孩子比较和联系预测过要发生的和真实发生的事情，各种术语的预测定义和科学定义。最后，要求孩子使用“自己的语言”对上面的术语进行定义。教师要告诉孩子，他们所做的这些工作就叫做模拟，这一次使用的是“雨，也就是水”，但是人类、动物、风等也能对土壤产生同样的作用。

(4)完善(Elaboration)：利用学到的知识解决具体问题或状况的阶段。比如说，让孩子找出尽可能减少土壤流失的方法，让他们重新安排土壤层。为了进行这样的课题，教师或父母再给孩子提供上面(2)中的各种材料，然后先画出最佳方案图，再制作出真实的模型，并给这个模型起名。最后，要求孩子应用学到的科学知识，写出自己为什么选择了这样的方法。

教师也可以挑选几处由于流失、沉积等作用已经出现土壤变化的地方[如，大峡谷（Grand Canyon）、河堤（river banks）等地方]，要求孩子对其原因和过程进行调查研究，也要调查这种变化给人类带来的是好处还是坏处，并要求他们发表自己的研究结果。

(5) 评价(Evaluation)：要求孩子使用自己的语言定义土壤的流失、移动、沉积等概念，寻找相应的例子，制作目录。这个阶段是对孩子的考察阶段，也是让孩子回顾整个学习过程，使他们认识到通过这样的学习自己究竟学到了什么样的新知识。

31

同时培养分析思考能力和合作能力的 PBL（Problem-based-learning）

PBL 一般多用于培养孩子的辩证、分析思维能力和合作能力。这种教学方法，能够很好地把孩子的学习和世界上发生的真实事件联结起来，受到了美国英才教师的喜爱。这种教学方法原来是在大学教育中使用，但是如今也多用于英才的教育。步骤如下：

1. 给孩子布置一个复杂的、存在多种选择性的课题。孩子需要考虑应该解决课题的哪些问题，并把问题列出来；

2. 列出自己对这个课题的已知知识；

3. 列出积存知识的过程中，把脑海里浮现出来的新问题添加到第一阶段的问题目录中；

4. 制定解决问题的计划；

5. 列出解决问题所需要了解的东西；

6. 考虑应该收集什么样的资料，解决问题需要多少时间。制定出如何使用有限的时间来完成课题的具体计划；

7. 提出解决问题的方法，提供充分的依据。说明为什么想出了这样的解决方法，也就是说明解决这个课题的全过程和结果。

孩子提出解决方法或研究结论的时候，必须要包括如下的各项内容：

（7—1）准确而简洁地说明需要解决的问题，以及得到的研究结果；

（7—2）说明为了解决问题，经历了什么样的过程，存在其他什么样的选择，难点是什么；

（7—3）说服别人同意自己提出来的解决方法或研究结论。这个时候，把使用过的资料拿出来当作依据，主张应该有理有据；

（7—4）利用同样的方法，也给其他人上课；

8. 最后，陈述自己通过解决这个课题学到了什么，哪些经验会对你将来的学习和成长有帮助。

现在，我给读者举一个利用了这种 PBL 教学方法的教学实例。

例 中国对美国人来说，变得越来越重要，所以有必要进一步了解中国。有一个学习小组正是抱着这样的目的在研究中国。他们的目的已经超越了单纯的收集各种有关中国的资料和情报的阶段，他们是想帮助美国人正确理解中国，拓宽他们的视野。给孩子的具体问题是“美国政府应该制定什么样的对华政策？”

（1）为了解决这样的大问题，孩子先决定制定哪些领域的政策。孩子决定在政治外交、贸易／经济、文化等领域里研究美国应该采取的对华政策。

（2）了解和整理中国在这几个领域里的情况，了解每个领域里，美国和中国的关系。

（3）孩子在（2）的研究过程中，认为环境方面（环境污染）也应该制定出相应的政策，于是把这个附加到（1）中的目录里，孩子需要学习和研究的领域变成了四个。

（4）制定解决问题的计划。例如，可以计划学习如下几个方面：

—通过网络和报导资料，从四个方面了解和学习中国的现实；

—调查与中国类似的其他国家的情况，比如，了解这些国家是如何处理大气污染问题的；

—讨论如何才能制定出有效的四个领域的对华政策。

(5) 讨论，为了很好地解决问题，应该了解些什么。

—应该了解，每个国家和每个人对同一个问题的看法会有很大的出入。

—应该考虑如何处理相互依赖性越来越强的国家之间的国际关系。

(6) 找出在有限的时间内能够提出有效政策提案的方法，具体计划应该在什么时间，完成什么工作。

(7) 依据前面的步骤，第七项的内容是（即陈述解决方法或结论时应该包括的内容）向老师或同学说明整个过程和结论。

这种 PBL 方法也可以用来解决我们日常生活，或社会生活中的复杂问题。

就像这样，美国和加拿大的优秀教师不会让学生局限在学习本身，他们会把学习内容和孩子的现实生活联系起来，唤起孩子对学习的关心，刺激他们的好奇心，不断尝试提高孩子的解决问题的能力，高端思考能力等。不仅如此，孩子自己把握问题的本质、收集解决问题所需要的各种资料以及采访过程，也会逐步提高他们的沟通和交流的能力。

美国和加拿大的优秀教师即使是讲授一个主题，也会“同时考虑很多东西”，努力打造出能够让孩子进行广度思考，在学习中磨练很多技术的教学。

灌输型注入式教育，尤其是注入教科书上的知识片断，要求孩子背诵这些知识的教育，不仅不能培养孩子的创新能力和思考能力，解决问题的能力，而且也不是准备孩子未来的教育。我在美国看到了很多教师，为了某一主题的教学而百般苦恼。如果教师和父母对孩子的教育、教学没有认真思考的过程，没有教师和父母自身的努力，是不可能教育好孩子的。

32

孩子一天的生活应该这样安排

1. 幼儿的一天

在这里，让我们了解一下，能够在幼儿的日常生活中，启发他们的潜在能力，培养创新能力和思考能力的方法。孩子自己玩耍，或者和小朋友一起玩耍的时候，如果能同时进行各种技术和道德教育，那是最好不过了。为了达到这样的目的，我们应该如何做呢？

方法 1：利用孩子喜欢的东西或游戏来培养他们的创新能力和思考能力。

我们可以利用玩水、玩沙子、玩泥、手画［（finger painting）用两手，手指画画］、画画（drawing）、积木、拼图等游戏。孩子在浴盆里洗澡的时候，也可以利用各种玩具进行各种实验，很多美国的妈妈会把各种玩具装在小篮子里放在浴盆旁边，便于孩子玩耍。

大人给孩子洗澡的时候，孩子就会拿着这些玩具玩耍，同时他们也会学到知识。我们可以把外形简单的玩具放入水中，让孩子比较玩具在水中和外面时的样子；把轻重不同的东西放入水中，让孩子比较它们在水中的运动；放进会下沉和飘浮的东西，让孩子进行比较。这样的学习也能从小培养孩子的观察能力。

刚开始的时候，妈妈可以给孩子做这些实验，然后慢慢就可以让孩子模仿妈妈的实验，让他们自己来，也可以递给孩子两个不同的东西或玩具，让孩子预测一下结果。

“科学研究”并不是什么高深莫测的东西，只要经过如下步骤就可以。

第一阶段：给孩子提出问题。

第二阶段：让孩子预测结果或答案［用科学术语来说，就叫做“假设”(hypotheses)］。

第三阶段：为了判断自己的预测正确与否，进行实验。

第四阶段：根据实验结果，判断对错。

第五阶段：最后，向妈妈报告实验结果。

通过进行这样的游戏，孩子从小就可以很自然地掌握科学研究的方法，只是妈妈在每一个阶段对孩子提出适当的提问才能培养孩子的思考能力。例如，在第一个阶段，妈妈可以提出，“看这里，我这里是不是有两个玩具呀？你猜一猜，哪一个能浮起来呀？”在第二个阶段，如果孩子做出了某种预测，就可以问孩子，“你为什么会这样认为呢？”，并要聆听孩子的回答。这个时候，即使孩子回答错了，妈妈也不能更正，应该让孩子通过实验认识到自己错在哪里。

玩泥、手画、积木等游戏是培养孩子创新能力的好方法，所以美国的幼儿教师经常使用这些方法来教育孩子，尤其是玩泥游戏，是帮助孩子理解物体的样子、大小、重量等很好的一种手段。我们也可以使用各种颜色的粘泥(在美国叫做“play dough”)来提高孩子的兴趣。

几年前，我看到美国的一位英才教师，不仅使用了五颜六色的黏泥，而且加入了不同的香料，制作出了散发不同香味的黏泥。这位教师说，这么做是为了尽可能让孩子使用更多的感官和人体的技能，为了刺激孩子的好奇心，为了能让孩子更加主动地进行活动。

我们可以让孩子使用不同颜色的黏泥，发挥他们的想象力，制作各种各样的东西，同时很自然地教孩子认识不同的颜色(即红色、蓝色等)。孩子制作完成之后，我们也不要忘记要求孩子“说明”自己的创作，因为这样可以培养他们的表达能力。

另外的一种方法是利用折纸学习各种图形。大多数的孩子都喜欢折纸游戏，这种游戏需要孩子的创新能力，所以美国小学低年级的教师在数学教学中多使用这种游戏。例如：

图 7 通过折纸游戏进行的数学教学（例）

折狗：

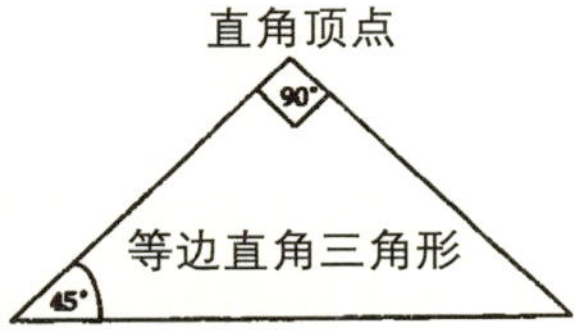

1．准备两面不同颜色的彩纸。

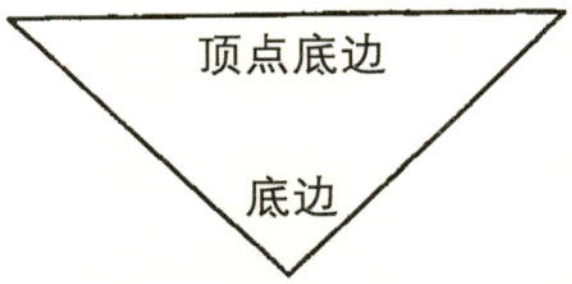

2．三角形的顶点朝下剪出等边三角形。

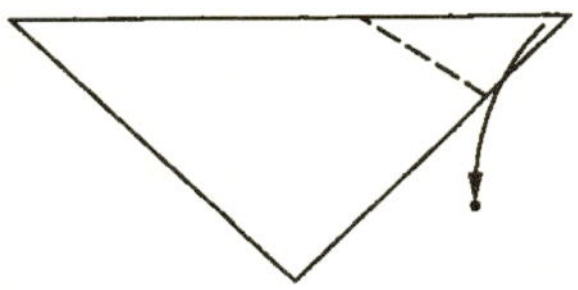

3．折叠三角形的左上端，折出耳朵。

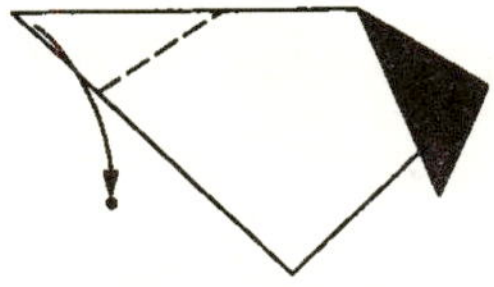

4．同样折叠三角形的右上端。

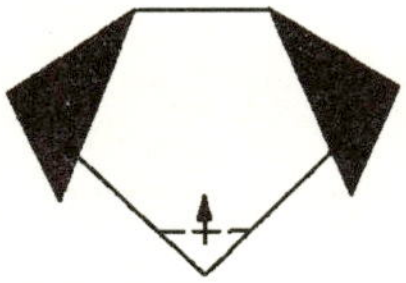

5．折叠顶点，折出嘴巴。

6．画出狗脸。

方法 2：利用学习中心 learning center 或 learning station

孩子坐在桌子旁边，正在一边写一边背诵，干净的桌子上面摆着一本书、一本笔记本、一支笔。这是如今韩国稍大一些的孩子学习的典型样子，这种样子数十年来就没有发生什么变化。孩子读童话书的时候，大人也会要求他们在一个固定的、安静的地方，端正身姿来阅读。如果要求画一幅描写“学习”的图画，大多数韩国人的脑海中就会浮现出这样的画面。

与此相反，在美国和加拿大，你可以随处发现：拿着书本认真学习的孩子，他们的书桌上到处摆着各种东西和资料，尤其是英才的桌子上摆满了完成课题所需要的各种资料、表现自己的创新能力和自我表达所需要的各种工具。他们的桌子看起来非常乱，但是就像美国的教师说的那样，这就叫做“有组织的杂乱(organized mess)”，他们根据自己的需要把这些资料和工具系统地进行了整理。

美国和加拿大的孩子从小就熟悉这种“有组织的杂乱”。learning center 或 learning station 就是具有代表性的例子。美国普通的幼儿园和小学低年级的班级里大都设有这种学习中心，这里是汇集了各种学习资料、教学资料的地方，孩子在这里依据老师的指示，使用各种资料，成为一个主动的学习者。英才班级的学习中心是为统合型合作教学准备的，其目的是通过孩子的相互合作，培养他们的社会能力。

例 要求 5 ～ 7 岁的孩子制造宇宙飞船。这个时候，学习中心为孩子准备了各种所需的材料和各种宇宙飞船的图片、参考书籍、网络资料等，教师也会允许孩子自带其他的自认为必要的资料和工具，然后一起在这个学习中心制造宇宙飞船。

孩子在合作的过程中，发挥他们的科学探索能力、想象力、创新能力、解决问题的能力等，逐一解决问题，比如，应该制造飞向哪里的宇宙飞船、由谁来负责制造发动机、宇宙飞船的大小、飞船装载的东西、移动飞船的力量等问题。如果出现分歧，就要说服对方，和对方进行协商。

根据美国教育家的研究结果，如果朋友之间出现了分歧，女孩子一般倾向于同时尊重自己和对方的意见，努力找出一个平衡点，而男孩子则倾向于让对方接受自己的意见。这种利用学习中心的学习，可以从小帮助孩子学到解决分歧和合作的方法（learning station 的方法，已经在前面介绍过）。

方法 3：让孩子和朋友一起玩耍（培养社会能力和领导能力）

处理人际关系的能力和领导能力是未来领军人物所必不可少的素质，所以美国的英才教育从小就注重培养孩子这些方面的技能和品质。

为了能让孩子具备这些能力，最重要的是培养他们正直的品行，所以每当孩子的行为和语言出现错误，不懂得关怀他人的时候，就会立即指出他们的错误，及时进行教育。这就是美国的优秀教师和父母在日常生活中的教育方式。

与此相反，韩国的学校和家庭教育一直都倾向于注重知识的传授。如果在过去，还可以通过兄弟姐妹的关系学到如何处理人际关系，但是如今韩国大多数的家庭只有一个孩子，所以很多孩子都是以自己为中心，不懂得关怀他人。

美国和加拿大的教育强调，为了让孩子成为世界的领军人物，必须要使他们懂得合作和融合，培养他们的领导能力，希望韩国的父母也一定要牢记这一点。

如果想让孩子懂得合作，懂得如何构建一个和谐的人际关系，培养他们的领导能力，我们必须从小多让他们和朋友玩耍，让孩子在玩耍的过程中领悟到和谐的人际关系需要什么。正是出于这样的原因，美国的英才教育多给孩子布置那些需要相互合作的学习课题，使用各种各样的合作的学习方法。

方法 4：多利用公示板 bulletin board

每当我看到美国学校教室里的公示板，不仅让我想起韩国教室里那些美化教室环境用的板报。韩国的学校生活和教师生涯中，板报给我留下了非常糟糕的印象，因为每个新学期，我都要为板报大伤脑筋，而且花费了大量时间和精力制作出来的板报，与其说是为孩子的学习服务，还不如说是为了美化教室的环境。

与这种韩国的板报不同，美国教室里的公示板多用做孩子学习的辅助手段。他们在公示板上公示学生当堂制作的作品，或者教师为了某种教学，亲自设计制作。现在，让我们看一看，如何在家里利用这种公示板。

例 如果孩子正在学习“数字”，就可以让他们利用数字编故事。比如，先让孩子用画来表达今天起床的时间、什么时候吃的早餐、到学校的时间等，然后每一张图里写上有关的数字，再让孩子用简单的几个单词说明自己的作品。最后，在公示板上，按顺序贴出每一个事件的图片及说明。

韩国的教师和父母，在教孩子数字、英文字母的时候，倾向于按照顺序来教孩子，比如从 1 到 100，从 A 到 Z。这样的学习方式不能激发孩子的好奇心和兴趣，是一个效率低下的方法。如果我们利用孩子日常生活里接触过的东西，非常自然地教育孩子，不仅能大幅度地提高学习效果，而且同时也能培养孩子的思考能力和创新能力。

2. 小学生的一天

如何能在家里，在妈妈的指导下，同时培养孩子的各种思考能力、创新能力、解决问题的能力、社会能力，同时进行道德教育呢？让我们了解一下具体的方法。

首先，无论是让孩子学习什么知识，父母必须要遵守一些“学习原则”，让我们按照这些原则来教育孩子吧。

原则 1 无论是让孩子学什么，都要从他们的已知知识出发，也就是说，父母应该引导孩子从他们已经掌握了的知识出发，逐步学习新知识。父母也有必要记住英才善于利用已经掌握了的知识来解决新问题。

原则 2 我们决定孩子的学习内容的时候，幼儿应该先从他们感兴趣的东西开始学起，应该为小学生制定能够进行“探索学习”的主题，让他们自己学习和研究。也就是说，应该给他们制定需要他们深入思考才能找出答案的学习主题，避免给他们制定那些可以通过网络、百科全书等很容易就能解决的学习主题。我们提问孩子或给出学习主题的时候，应该同时给孩子提供相应的资料，让他们经历探索答案的过程。有关探索式学习的具体方法，我已在前面的第三章详细叙述过。

原则 3 无论是给孩子布置什么样的学习任务，一定要同时提供详细的学习向导。这个时候，我们可以给孩子制作 rubric，要求孩子按照 rubric 里的向导逐步完成学习任务，妈妈也要依据这个 rubic 评价孩子的学习。我已在前面介绍过如何制作这种 rubric。

原则 4 我们要从“习得”新知识，“理解”新知识更进一步，给他们创造出“应用”知识和“创造”的机会。

例 美国无论是针对英才还是普通孩子（一般是小学一年级的孩子）都会进行国旗的教育（韩国的父母可以利用这种方法，进行韩国国旗的教育）。他们介绍国旗上的红条、白条、蓝条的含义，以及五十个小星星所代表的含义。针对普通的孩子，这种教育有可能会止于此，但是针对英才就会更进一步，他们会把孩子分成小组，让他们制作自己教室或家庭的旗帜，同时给他们提出如下的要求：

（1）必须使用三种以上的颜色，要求参考下面的材料简单说明，为什么采用了这样的颜色。

蓝色（blue）：公平（fairness），信念（faithfulness），真诚（sincerity）。

黑色（black）：悲伤（grief），不吉的预感（feeling very bad）。

绿色（green）：希望（hope）。

橙色（orange）：力量（strength），坚强（being strong）。

紫色（purple）：高位（highrank：like a president，king or queen）。

红色（red）；勇气（courage），无畏（not being afraid），勇敢（braveness）。

紫红色（red—purple）：牺牲（sacrifice）。

银色（silver）或者白色（white）：信念（faith），纯洁（purity）。

黄色（yellow）或者金色（gold）：名誉（honor），忠诚（loyalty）。

（2）利用选出来的颜色，在旗帜上画出能够代表教室或家的象征物（symbol），然后说明其象征意义。

（3）要求孩子说明为什么（why），还有如何（how）这个旗帜能够代表家或教室。

就像我们在前面的例子中所看到的那样，美国的英才教师多让孩子“画画”，这是因为他们相信“画画”能够有效地帮助孩子培养沟通和交流的能力和创新能力。韩国的孩子在教室里到底画多少画呢？这些艺能教育已经被韩国的以知识为中心，以背诵为中心，以笔答考试为中心的教育挤到了第二线，但是美国的英才教师利用统合型教学方法，几乎每天都进行这方面的教育。

为了培养孩子的创新能力和思考能力、解决问题的能力，韩国也应该深刻思考教育中存在的问题。

很多人都说未来经济的领头羊是“设计（design）”，如果没有创新能力，就不可能出现出色的“设计”，而且创新能力也不可能是速成的，是需要持之以恒的教育，是从孩子很小的时候，让他们多画画、多创造、多思考才能逐渐培养出来的能力。

“布卢姆的分类法（Bloom′s taxonomy）”长期在美国的教育中应用。下面表格中，左边的是布卢姆的学习分类法，右边的是美国和加拿大最近才开始使用的新的分类法。读者看起来或许有些难，但是只要理解了，就是一个既简单又有用的“教育孩子的方法”。

布卢姆的分类	新的分类法
6．Evaluation（评价）	6．Create（创造）
5．Synthesis（综合）	5．Evaluate（评价）
4．Analysis（分析）	4．Analyze（分析）
3．Application（应用）	3．Apply（应用）
2．Comprehension（理解）	2．Understand（理解）
1．Knowledge（知识）	1．Remember（记忆）

我们在上面的表格中可以看出，越是位于上方的方法，越是需要高端思考能力的学习方法。美国和加拿大的学校教育，尤其是英才教育，现在越来越强调“创造”，即要求孩子发挥他们的创新能力，利用学到的知识来进行创造。我们在前面看到的例子也是这种“强调创造（Create）”的教学。

那么，如果选择了另外的五个方法，孩子们会以什么样的方式，学到些什么呢？

5．评价（Evaluation）的例子：

◆讨论是否应该继续伊拉克战争；

◆为了缔造一个更加美好的教室环境，提出三个改变教室原有规则的提案；

◆研究减少我们城市大气污染的方法，挑选出两个最佳方案，给市长写信。

这种学习方式包含判断（judge）、决定（decide）、正当化（justify）、讨论（debate），定位（rate）等内容。

4．分析（Analyze）的例子：

◆写一个简单的伟人传记；

◆挑选出一种孩子喜爱的东西，饼干，或者玩具，经过综合研究之后，写出一句广告语。

这里包含检查（examine）、比较和对照（compare&contrast）、说明（explain）、分类组合（categorize）等学习方法。

3．应用（Apply）的例子：

◆依据弟弟或妹妹的年龄，适当改编读到过的童话，给弟弟或妹妹讲故事；

◆利用有关某种社会或自然现象的知识，举出这一现象的其他例子。

这里包含利用所学到的知识解决问题的学习方法（problem solving），比如举例（illustrate）等方法。

2．理解（Understand）的例子：

◆概述刚刚读过的书籍内容；

◆画出 3 ～ 4 幅漫画来描述发生过的事情（比如，孩子日常生活中发生的事情，昨天在家里发生的事情等）。

这里包含说明（explain）、解释（interpret）、描写（describe）等方法。

1．记忆 Remember 的例子 ：

◆背诵诗；

◆列举哺乳动物；

◆列出某个历史事件的根本原因。

这里包含了列举（list），写（write），背诵（memorize）等学习方法。

原则 5 同时致力于培养和发展孩子的智力、社会能力以及情绪的稳定。也就是说，他们致力于同时培养孩子的思考能力和团队精神，注重道德的培养，并没有让孩子学习和背诵知识片段。为了达到这样的目的，他们使用了统合型合作教学的方法，尽量给孩子布置一些一问多答的问课题、能够继续探索的课题。他们以此来培养孩子的探索能力和思考能力，并且拓宽他们的视野。

例 美国的一位爸爸正在寻找新的工作单位，因此一家人需要搬到一个新的地方，但是具体要搬到哪里还没有确定下来。孩子需要解决的课题就是决定要搬到哪里居住，做出决定时需要考虑的内容是"自然灾害"。美国有很多种自然灾害，例如，地震、飓风、洪水、山体滑坡、山火、龙卷风等。

（1）首先提出如下的问题：

"上面列举的自然灾害中，你最害怕的是哪一种？最不怕是哪一种？为什么？"

"决定搬家地点之前，你尤其想了解哪一种自然灾害的信息？"

（2）把孩子分成由 3 ～ 4 个孩子组成的学习小组，然后让他们在地图上标出经常出现这些灾害的地方。

（3）给孩子提供有关这些自然灾害的各种资料，根据具体的需要，也可以让他们通过网络收集资料。

如果是妈妈和孩子进行这样的学习，就可以按照自然灾害的类别，设置我在前面介绍过的学习中心（learning station），要求孩子逐个进行调查研究。这时，我们有必要把有关自然灾害的资料放在各自的学习中心，比如，“地震学习中心”，我们有必要为孩子准备地图、有关地震的图片、地震多发地区的地震频率、地震多发地区的共同点及其原因、有关如何最小化地震损失的材料、地震时应该采取的行动指南等。

如果是由几个孩子进行这样的学习，我们就可以利用前面介绍过的七巧板学习方法（jigsaw：合作学习），每个孩子负责学习和研究一个自然灾害，然后再互相学习。

（4）根据（3）的学习结果，决定搬家的地点。这个时候，孩子要充分考虑这个地区发生自然灾害的概率，各种不确定性，减少损失的方法和对策。

（5）除了考虑搬家地点的有关自然灾害的因素外，还可以要求学习和研究其他方面的因素，比如要求他们调查生活的便利性，物价等因素。

（6）做出最后决定之后，要求回答如下的问题，发表其研究结果。

—为什么选择了这个地方？

—对你的决定产生最大影响的是什么？

—在各种不确定的条件下，如何作出了这样的决定？

—根据什么概率，做出了这样的选择？

—（如果是按小组进行了这个学习任务）如何协调了各成员之间的不同意见，做出了这样的决定？

—有理有据地发表，搬家地点存在什么样的危险因素，如何最小化这种危险因素。

（7）最后，妈妈告诉孩子，专家们也是经过这样的过程，做出某种决定。就是说，他们也是通过综合考虑各种概率，各种不确定因素，还有各种各样的标准做出最后决定。

原则6 致力于提高孩子的沟通和交流的技能。美国和加拿大的所有现行的教育课程中，把这种技能当作孩子 21 世纪的生活所必需的技能来重点强调。

掌握了某种知识，并不等于就能够传授知识；你的观点也并不等于你能够进行有效的沟通和交流。所以，他们认为，如果不懂得有效的沟通和交流的技能，就不可能拥有一个成功的人生。未来社会的领军人物，英才教育中，尤其强调这种交流沟通的技能。

原则 7 要求孩子在规定的时间内完成学习任务。这是为了让孩子从小熟悉管理时间的有效方法。当孩子学习或进行某种课题的时候，应该给他们创造一个能够提高注意力的环境，提高注意力就有可能意味着学业成绩的提高。

原则 8 应该制订出家庭规则，要求孩子遵守这些规则。美国和加拿大的教师一般给孩子制定如下的教室“规则”：

Listen carefully（聆听）；

Follow directions（服从指示）；

Work quietly.Do not disturb others who are working（不能妨碍同学，安静学习）；

Respect others.Be kind with your words and actions（通过亲切的言语和行动来尊重他人）；

Work and play safely（学习和玩耍，要注意安全）。

如果某个孩子没有注意聆听老师或同学的发言，美国和加拿大的优秀教师就会让孩子为此带来的结果“负责”。也就是说，教师会让孩子感受到这种行为给他们带来的后果。

以上所列举的规则，不仅有助于孩子集中精力做某事，而且也是在教育他们集体生活、社会生活中必需的礼节。如果孩子没有遵守规则，就应该严肃批评，没有这样的过程，他们就不能成长为一个富有责任感的人。就是说，只有从小让他们认识到应该对自己的言行负责，他们才能成长为具有优秀的人格和道德品质的人。

33

孩子犯错时需要的对话方法

美国的教育学家认为，幼儿犯了错误，他们所表现出来的行为具有一定的普遍性，他们只能考虑到“妈妈会怎样惩罚我呢？”“如何才能避开呢？”，并不能进行反思，认识不到自己的错误。所以，如果孩子犯了错误，妈妈就应该问孩子“你犯了什么错误了呀？”，诱导孩子进行反思，认识到自己的错误。

孩子应该从自身的错误中得到一些“教训”，如果漠视孩子的错误，他们就不会知道自己错在哪里，更不能从中吸取教训。美国和加拿大的教师，尤其是英才教师严格进行这方面的教育。因为他们认为，作为一个英才，不仅在智力方面，而且在人格和道德方面也应该成为一般人的楷模。

如何纠正孩子的错误？

如果妈妈不发火，不提高嗓门，耐心地给孩子解释错误的“理由”，如果他懂得妈妈是爱他才这样，很小的孩子也大都会听从妈妈的吩咐。

父母必须要知道，如果你不满意就向孩子发火，或者拿其他的孩子或兄弟姐妹进行比较，表现出自己的伤心和不满，就会对孩子产生非常严重的负面影响。

如果说，孩子非常喜欢学习以外的什么东西（比如，玩游戏、看电影等），我们不应该因此而发火，而应该利用这些孩子喜欢的东西来培养他们的创新能力和思考能力，解决问题的能力等，然后逐渐慢慢诱导孩子喜欢上其他方面的东西。

孩子越聪明，父母教育他们改正错误，就越不应该责骂孩子，就越是需要讲"道理"。父母不能感情用事，一定要做到以事论事，告诉他们错在哪里，聆听他们的想法，耐心地通过对话来解决问题。父母一定要做到以事论事，如果总是翻"旧账"，就会伤害他们的人格和自尊心，造成致命的伤害。

我曾经听过美国的一位英才教师说过，"教育孩子，尤其是教育英才，是一种既可以感受很大的成就感，同时又逐步培养耐心的职业。"

"教育"，一般来说是教育人，是和人打交道的职业，所以需要耐心，这是理所当然的事情。教育孩子的过程中，如果我们大人能够逐渐提高自身的忍耐力，逐步完善自身内在的东西，这样的人和这样的社会环境就能成为孩子的好榜样。

附录

为了孩子的未来！为了把孩子培养成大人物必须要参考的检查列表

Global
Home-Schooling

为了把孩子培养成大人物
必须要参考的内容

我在这里列举了每当和孩子一起学习的时候，父母一定要检查的内容。每一次都要检查自己的教学是否包含了如下的内容：

1.K：孩子学习了什么知识？是否使用了统合型方法？

2.S：孩子使用和学习了什么技术？列出训练过的技术；

3.V：列出进行了什么样的道德和人格教育？

4.教育孩子，是否恰当地融合了K、S、V？

5.教育目的是否明确？即，教学的重点是什么？是否达到了目的？

6.开始教学时，是否首先了解了孩子有关教学主题的已知知识？提出的问题，是否有利于增进孩子的思考能力？这样的努力，是否成功地诱发了孩子对教学的兴趣？

7.是否给孩子提供了展开教学所需要的有关资料？

8.教学应该考虑孩子的特性，今天的教学考虑了孩子的哪些特性（比如，孩子喜欢读书，就利用这种特性进行科学教学；孩子喜欢画画，教学中也给他布置了画画方面的学习任务；孩子喜欢和别的小朋友一起学习，你的教学是否充分利用了孩子的这种学习方式等）？

9.为了孩子的自主学习，是否给他们提供了明确的学习向导？是否明确了父母对孩子的期待值？

10.是否根据这个学习向导，评价了孩子的学习成果？

11.是否适用了让孩子探索学习的方法？

12.是否提供了发挥孩子的创新能力的机会，即席运用所学知识的机会？

13.孩子出现错误的时候，是否给出了建设性的批判和提案？

14.是否为孩子提供了一个便于上课和完成学习任务的环境？

15.是否在规定的时间内完成了学习任务？

16. 是否引导孩子带着自信参与到教学中？

17. 教学过程中，针对孩子的错误进行训斥的时候，你是临场发挥，还是提前预见到了会出现这样的情况而作好了这方面的准备？

18. 如果孩子和朋友一起完成了学习任务，是否遵守了合作的规则（比如，孩子的交流沟通情况、关怀朋友的情况、遵守讨论规则等）？

19. 整个教学过程中，是否进行了好的“提问”，即，让孩子进行思考的提问？

20. 孩子提问的时候，是否做出了适当的回应（比如，表扬好的提问、回答孩子的问题，或给予提示，让他们自己找到答案）？

21. 教学结束之后，是否让孩子进行了整理整顿的工作（这样也可以培养孩子的责任感）？

22. 为了下一次的提高，父母是否反思了整个教学（例如，反思这次教学的不足，制定相应的对策，制定改善下次教学的计划等）？

23. 是否简单记录了父母对孩子学习的感受，也就是记录孩子的发展。简单记录孩子的哪些方面得到了改善，哪些方面还是存在不足，应该作为以后的教育重点等。

后记

改变世界的是拥有一颗“温暖之心”的英才

为了韩国的父母，这本书介绍了很多美国和加拿大优秀教师的教育方法，这些方法可以让聪明的孩子变得更聪明。我们比较美国、加拿大和韩国的学校教育，最大的区别就在于韩国如今还在延续以传授知识为中心的注入式教育方式，而美国和加拿大为了全人教育（Whole Person Education），为了能够让孩子更好地为瞬息万变的未来世界作好准备，教师和学校，以及父母，共同倾注了不懈的努力。

美国和加拿大的孩子，从小不仅学习教科书上的知识，接受很多技能教育（思考、创新、解决具体问题、交流沟通等技能），而且人格和道德教育在学校教育中也占有很大的比重，其学习的方式也大不相同。

韩国和美国、加拿大的英才教育中，同样也存在这些一般性的区别，韩国的英才教育主要是以数学和科学为中心，是知识教育为中心的教育，几乎不进行人格教育、道德教育、社会技能等方面的教育。韩国的知识教育也是聚焦在世界上已经存在的知识，几乎不涉及知识创新方面的教育。虽然有很多英才，但是却没能进行真正的英才教育。结果很多小时候被称作英才的孩子，随着成长因不能适应学校和社会而被孤立，最终埋没了他们的英才潜能。

韩国的这种侧重点单一的英才教育，虽然能培养出智力能力超强的人才，但也只能是缺乏人格和道德的社会领军人物。与此相比，美国和加拿大的英才教育致力于培养智力、技能、人格等方面得到均衡发展的领军人物，就是对英才也是进行全人教育。

美国引导和教育英才，作为未来社会的领军人物，只有具备优秀的人格和道德，才能更好地为这个社会服务。他们的知识教育也不是韩国的那种超前学习式的教育，而是侧重于培养和提高创造新知识所必需的创新能力和思考能力的教育。

如果一个社会的学校教育只是注重知识的习得，都把考入名牌大学作为唯一的目标，那么这样的社会不可能培养出合格的英才，而且针对普通孩子的教育也很难正常运转，所以韩国也应该改变一下自己的教育视角。教育是和社会、经济等社会的其他部分密切相连的，所以解决教育问题的时候，必须要把这种联系考虑进去。

全球化时代的人才标准决不是名牌大学

美国和加拿大也存在很多教育问题，但是并不像韩国那样，因为孩子的教育家庭经济受到打击；因为辗转于各种补习学校，孩子的睡眠严重不足；不会因为教育问题，整个社会都为之动摇。

这是因为美国和加拿大不同于韩国，他们的“社会系统”有很多利于解决教育问题的方面。举一个例子，在美国，毕业于名牌大学或与此有关的人际关系几乎不可能保障一生舒适的生活。虽然毕业于名牌大学，但是如果同时不具备智力能力、创新能力和高层次的思考能力等技能、值得称赞的人格和道德、不坚持不懈地努力、不能创造业绩的话，肯定会被社会所淘汰。这时，所谓的名牌大学的学历也就失去了它的用武之地。

美国四年的大学学习中，很多学生中途就会被淘汰，所以美国人认为“谁考入了名牌大学”并不重要，更重要的是“谁毕业于名牌大学”，而且比起名牌大学的学历他们更加重视在工作和社会中，谁能更好地发挥自身的能力，取得业绩，付出更大的努力。也就是说，美国决不是那种依靠名牌大学的学历就能安逸一生的国家。

韩国只要像美国和加拿大那样，改变对“一流人才”的定义，很多的教育问题和社会问题就会迎刃而解。一流人才的定义不应该是“一流人才＝名牌大学出身”，而应该是“一流人才＝知识＋技能（创新能力、高度的思考能力、解决具体问题的能力、沟通和交流能力等）＋值得称道的人格和团队精神＋坚持不懈地努力和业绩。只要这样的定义被韩国社会所接受，韩国社会的很多方面就会发生积极的变化，也能发展成为发达国家中的翘楚。

学校教育和家庭教育应该培养出很多杰出的人才，但是对他们的评价标准应该是他们在社会中发挥能力的程度、创出的业绩，还有对这个社会的贡献。就是说，应该打造一个由“职业和社会”而不是“大学学历”评判人才的社会系统。

数十年来，韩国只是试图通过改变大学的入学政策来解决堆积下来的教育问题，政策不知变了多少次，无辜的国民就成为了这些教育政策的牺牲品。在我看来，如果不完善社会体系，韩国的教育政策再完美，那也是不可能解决好各种教育问题的。韩国对教育政策的全神贯注，导致严重忽略了初、中等教育中，孩子应该掌握的教育内容，以及教育教学方式的更新和发展，我们甚至可以说韩国还没有真正开始符合时代潮流的教育。他们只关心教育政策的改革，没能关注真正重要的东西，再说，大学教育也跟不上那些先进国家的教育水平。所有的这些弊端，最终直接影响国家的竞争力。

如果我们重视缔造一个关注真正的实力和人格、道德的社会体系，从小使用像这本书里介绍的先进的教育方法，进行像发达国家的那种教育，韩国肯定能跻身于世界一流发达国家的行列。韩国人拥有聪明的头脑、诚实的品质，所以我们应该通过先进的教育发扬光大这样的优点。

我注视着美国和加拿大的教育，内心对韩国的教育和社会现状感到焦急万分。我出于这样的焦急，也是怀着希望我的祖国能够繁荣富强的美好愿望，写了这本书，万望能够得到读者的理解和支持。